究極の選択

桜井章一
Sakurai Shoichi

a pilot of wisdom

はじめに

ＡＩ（人工知能）の発達によって人間の存在意義はいつか無くなってしまうのでは？　そんな疑問がふつうに人々の頭の中で起こっている現実にわれわれは今、生きている。ＡＩの問題だけではない。環境問題や超高齢化社会の問題など、今ほど解決が容易でない困難な問題が山積し、進むべき道の選択の判断が難しい時代はかつて無かったのではないだろうか。

多くの人はふだんそれをあまり意識はしないかもしれない。意識しないというより、答えが簡単に見つかりそうにもないから、そこから目をそらしているとも言える。だが、そうしたところで数々の難問が、われわれの目の前にナイフのように絶えず突き付けられている現実は変わらない。

本書では、そんな正解が見当たらない難問や生死を分ける究極の質問（質問の多くは私の周辺にいる知人や仕事関係者から提案をいただいたものである）に答える形で、人生における

〝道〟の選択について私なりの考え方を述べた。

私はかつて麻雀の裏プロ（政治家や財界人に代わって麻雀を打つ代打ち稼業）として勝負の世界に生きていたことがある。そこで繰り広げられる真剣勝負には、世間の常識を遥《はる》かに超えた大金や利権がかけられる。それゆえ負ければその世界で生きていけなくなるのみならず、時には身を危険にさらすような修羅場に遭遇する。そんな真剣勝負を繰り返しながらも幸いにして私は一度も負けることが無かった。それは勝負の流れの中で瞬間、瞬間に現れる無数の選択において大きな誤りをしなかったからだろう。

勝負の選択で使われる感覚や思考。それは人生における選択においても同じ意味合いを持つ。ただ、人生における選択には時にちゃんとした答えという答えが無いような非常に難しい選択が存在する。

だが、生きていくことが厳しい問いと選択につながっているのであれば、どんな局面においても人は何らかの答えをその都度出していくより他ない。私もかつて勝負から派生した命が懸かった修羅場に幾度も巻き込まれたが、何らかの解を見つけることができたからそこを抜け出ることができたと思っている。

立ちすくむような厳しく難しい問い。それへの明解な答えが得られないにせよ、ともかく人は何らかの道を選び、進んで行くしかない。そんな岐路に立たされたとき、果たしてどの道へわれわれは足を踏み出すべきなのか？

〝道〟という漢字の成り立ちは、中国古代、敵の首を道の両側に埋め、敵に攻め込まれないようまじないをしたという説や、危険に満ちた異界に通じるものであるため、邪気を祓うために首を掲げて歩いたという説など、いろんな説がある。

いずれにせよ、そういった説を聞くと、「何と人間は争いが好きな生き物なのか」と思わずにはいられない。

ところで、みなさんにとっての人生の〝道〟は、一体どのようなものだろうか？

私にとっての人生の〝道〟。それは、誰も歩いたことのない未開の大地を切《き》り拓《ひら》くのに似ている。

誰も歩いたことのない場所だから、当然道は無い。獣道すら無い。だから私は自分なりに「こっちだな」と思う方向を選び、大地を切り拓き、道をつくって歩を進めてきた。私の前には、道も無ければ歩いている人もいなかったのである。そんなこともあって、私は独自の道を歩んでくることができたのかもしれない。

〝道〟という意味では、「みち」を表す〝路〟という漢字も存在する。

この〝路〟という漢字は、「足」偏が使われていることからも、人が通ることを前提とした「みち」であることがわかる。

文明によってつくられた「みち」が〝路〟とするならば、私たちが人生を歩む上で進んで行くのが〝道〟である。

そしてその〝道〟は、えてして権力や利益など人間の欲望にまみれた〝道〟になりやすい。つまり〝道〟という漢字には、人間の持つ〝欲〟がしっかりと刻み込まれているのだ。

かつて、戦国の世の道は、古今東西を問わず、〝死〟というものをもっと身近に感じるものであったろう。

しかし、今の時代の「みち」は死を身近に感じない分、自然や人間の本能といったものからも程遠い、機械的に続く〝路〟ばかりになってしまった。

物理的にそういった〝路〟ばかりになってしまうと、そこに生きる人間の考え方も機械的な〝路〟のようになって当然である。

私の切り拓いてきた〝道〟は、目には見えない「潮の流れ」に似ているかもしれない。そこに確かに流れているのに、目には見えない。触れることはできるのに、つかむことはできない。

私が道場生たちに教えている〝雀鬼流《じゃんき》〟の麻雀も、「潮の流れ」と同じである。何かを極めるわけでも、どこかに辿《たど》り着くわけでもなく、何かが残るわけでもない。ただ、みんなで少しでもきれいな流れを上手から下手へと伝えていく。それが〝雀鬼流〟の麻雀なのだ。

本書では、「究極の質問」「正解のない問い」に答えるという形で、いくつもの私なりの〝道〟を表したつもりである。

もちろん、このような「質問」には、「これが正しい」といった絶対的な「答え」があるわけではない。条件や立場の違い、環境の変化によって、そこで発せられる「問い」にはそのときどきの答えがあるのだと思う。つまりそれを考える過程にこそ、また重要な意味があるのではないだろうか。

みなさんにもどうせ道を歩くなら、世間のありきたりの価値観で色を塗られた道、権力者たちがつくった道、文明によって拓かれた路を歩くのではなく、自分で切り拓いた道を歩いてみてほしい。つまり安直に「正解」を導いたりせず、自分の頭と感覚をフルに使いながら確かな何かをつかんでいってほしい。

もちろん、すべての選択において独自の道を進むなどということは無理な話である。でも、たまにでいいから、人生の岐路に立ったとき、自分なりの道を選択してはどうだろう？

本当の人生は、きっとそこから始まっていく。

本書がその一助となれば、著者としてこれほどうれしいことはない。

目次

「かたき討ち」は許されるのか？
いじめで学校に行きたくないが、いい対応策はあるか？
道徳教育に効果はあるか？
恩義ある上司を裏切って内部告発すべきか？
売春はいけないことなのか？
もし肉親が援助交際をしていたらどうするか？
恐い妻に浮気がばれたらどうすればいいか？
やっていないのに痴漢扱いされたら逃げるべきか、否か？
ＤＶを繰り返すダメ夫を更生させる手立てはあるのか？
結婚候補がふたりいて迷っているときの判断は？

第三章　極限の状況における究極の選択

死ねない命と三週間の命、どちらを選ぶ？
寝たきりの状態にあって死にたいと考えている人はどうすればいいか？

聴覚と視覚、いずれかを失うとしたらどちらを選ぶか?
人の肉を食さないと生きていけない極限状況に置かれたら?
ひとりを見殺しにして五人を助けるか?
独裁者を消せるミサイルの発射ボタンが目の前にあったらどうするか?
死ぬ確率が非常に高いスポーツを一億円もらってするか?
殺すか? 殺されるか?

第四章 「生き方」が根本から問われる選択

蝶《ちょう》が私になったのか?
両手でなく片手で叩くと、どんな音が鳴るのか?
草履を頭に載せた僧は何を伝えたのか?
冗談も繰り返していると現実になるのか?
日本社会に根強い体育会的な管理指導は本当によい結果を生むのか?
決まりごとのない自由は世の中に存在するのか?

会社を辞めたいが、生活のために辞められない人はどうすればいいか？
仕事にやりがいを求めることは正しいのか？
洗脳されそうな友人を説得するには？
常識や風潮に流されず、独自の道を歩んでいくには？
人生から何を省けば楽になるか？
「与える」ことができない現代人の壁とは？
「生きることの意味」への問いは何をもたらすのか？
本当の強さがわかるには何を体験すればいいか？
すべてが裏目に出る大スランプのときはどうすればいいか？
許せる「裏切り」と許せない「裏切り」
モノがあふれる社会で、最善の選択をしていくにはどうすればいいか？

おわりに

企画協力／髙木真明
構成／萩原晴一郎

第一章　未来が突き付ける答えなき選択

ＡＩと将棋の名人の対決は禁断の領域に属することなのか？

Ｑ　将棋の名人とＡＩの対戦では今やＡＩのほうが強くなっています。
　これはある面、人と車を競走させているようなものであり、そんなものを見せられるとどこかシラけた気持ちになります。

　一方、将棋の名人とＡＩの対決と、ウサイン・ボルトと車の競走はまた違う意味合いを持っているとも思います。ウサイン・ボルトと車の競走と比べると、将棋名人とＡＩの対決は違和感の大きさがまったく違います。後者はやってはいけない禁断の領域にどこか足を踏み入れているような印象すらあります。桜井さんはこのことをどう思いますか？

Ａ　昔から親交のある将棋棋士の羽生善治《はぶよしはる》さんは、とあるテレビ番組でＡＩとの対戦について「ＡＩは〝なぜその手を打ったのか〟という根拠を説明してくれないのでプロセスが見えない」と語っていた。

「結果よければすべてよし」という結果至上主義が幅を利かしているこの世の中においては、成績や業績といった〝結果〟ばかりが重んじられ、プロセスはあまりかえりみられることが無い。

そんな社会の風潮がこのＡＩの打つ将棋であり、私はやはりそんな血の通わないＡＩの打つ将棋というものに違和感を覚えるし、見ていてもどこか興ざめしてしまうのは否めない。

羽生さんが最終的に言いたいのは「結果よければすべてよし、ではなく、プロセスをもっと大切にしていきましょう」ということなんだと思う。

私も、雀鬼会（若者たちの人間力を鍛える目的で私が主宰している道場）では「結果なんかどうでもいいんだ。プロセスに意味があればいいんだ」と言い続けてきた。

人生とは〝プロセス〟そのものである。死が〝結果〟であるならば、大切なのは「いかに死んだか」ではなく、「いかに生きたか」のプロセスのほうではないだろうか。

ＡＩの指す将棋には当たり前だが〝人間味〟が無い。人はやはり、試合や競走の中に即興の閃《ひらめ》き、感情や思い、情緒という〝人間味〟を感じて感動するものだと思う。だからロボット対ロボット、AI対AIの試合などを見てもまったくおもしろさは感じないだろう。

人間には味覚という感覚があり、甘い、辛い、しょっぱいなど、いろんな味を感じ、それをおいしいと思ったり、自分がおいしいと感じる味にしようとしたりする。

味覚は他の動物たちにもあるのかもしれないが、これほど味覚の領域を発達させた動物は人間をおいて他にはいない。だからこそ、人は〝人間味〟というものに惹《ひ》かれるのだ。

将棋の名人とAIが対戦して人間が負けるのと、自動車とウサイン・ボルトが競走してボルトが負けるのとでは確かに意味合いが少し変わってくる。

自動車はただの機械だが、AIには現代人の自尊心のもととなっている〝知性〟〝理性〟が詰まっているから、そんなAIに負けるということは、人間の自尊心が傷つけられ、その分ショックも大きくなる。

人間は、動物には肉体的な力では勝てないが、〝知性〟〝理性〟では勝る。私たち人間が「人類こそが万物の霊長である」と信じてきたのはこの〝知性〟と〝理性〟があったからである。

でも、人類がもっとも誇ってきたこの利点も、自らが生み出したＡＩに負けるとは、何たる皮肉だろうか。

将棋や囲碁と比べると、麻雀は〝運〟に左右される要素がとても多いゲームなので、ＡＩが学習できる要素がだいぶ少ないように思う。麻雀は形や流れが定まっていない。自分のところに配られる牌《パイ》も、組み合わせがいいときもあれば悪いときもある。

〝運〟というものによってスタートの時点から差がつくのが麻雀である。最初の配牌が悪ければ、どうあがいても和了《あが》れないときもある。この偶然性や不合理、そういった不確定要素の多い麻雀をＡＩがクリアしていくことは難しいように思う。

不確定な部分を組み合わせて、新しいものを生み出していく。こういった力は人間独自のものである。そういった諸々《もろもろ》の点を考慮すると、もしかしたら麻雀がＡＩに打ち勝つ唯一のゲームとなるかもしれない。

私はＡＩなどのデジタルマシンとはできる限り距離を置いて生きてきたし、これからもそうしていきたいと思っているが、今の政治を見ていると、「ＡＩに任せたほうがマシなんじゃないか?」と思ったりもする。

この世の中に「正しい」「間違い」のふたつがあるとしたら、今の政治は「間違い」だらけである。それこそ小学生でもわかるような「間違い」が、さも「正しい」こととして大手を振って歩いている。

こんな状況だったら、政治をAIに任せてしまったほうがよっぽどまともな社会になるんじゃないか。

そんなふうに思ってしまう自分もいることは確かである。

AIの進化は人間の存在意義を消滅させるのか?

Q　AIの発達には目を見張るものがあります。しかし、AIがどんどん進化していくと、さまざまな労働をロボットが代わりにする可能性があります。
たとえば会計士やタクシーの運転手、店員といった職業はこの世から無くなるかもしれません。小説でさえロボットが書く時代がくるかもしれません。

二〇四五年にはＡＩが人類の能力の総和を超える〝シンギュラリティ〟という出来事が起こるという予測も話題になっています。

ただ、そうは言ってもやはり人間はＡＩなどに負けないものを持っていると信じたいです。


ＡＩにはできない「人間の可能性」とは何だと思いますか？

Ａ　ＡＩは天使なのか、悪魔なのか。それは人間がＡＩをどう扱っていくかにかかっているのだろうが、人間のやることにはミスが付き物なだけに、ひょんなことからＡＩが暴走を始めて何かトラブルを起こすということは将来、十分に考えられる。
そんなことも含め、ＡＩの進化が社会をどのように変えるのかはまだよく見えないところもあるが、その影響はいろいろな形で現れるだろう。たとえばちょっと前まではいろんな〝資格〟を取得する資格マニアみたいな人たちもたくさん存在したが、ＡＩがあればそんな資格は必要無くなってしまう。

面倒なことはできるだけ省き、便利だけを追求しているから、このままいくと人間関係が面倒くさくなってすべてをパソコンやスマホのようなデジタル機器ですませるようになっていくだろう。そうすると会社の社員もいらなくなるし、もしかしたら会社自体も、会社の建物も無くなっていくかもしれない。

仮想空間に仮想の会社が生まれ、そこですべてがやりとりされる。現在、すでに〝仮想通貨〟なるものが生まれ、ネット空間でやりとりされているが、巨大スーパーが登場したことによって地域の商店街が「シャッター通り」になってしまったように、このままいくと現実の世界から会社もお店も必要無くなり、それをもっと突き詰めていくと「人間がいらない」ということにもなりかねない。

そう考えていくと「AIは悪魔なのか」と短絡的に考えてしまいがちだが、私たちはもうすでに、そういった「悪魔」無しでは生きていけない生活を送っている。

みなさんがいつも手にしている〝スマホ〟だって言ってみれば悪魔の先祖みたいなものだ。スマホが一台あればたいていのことはできるし、だいたいのことはわかってしまう。そんなスマホにすべてを委ねてしまっているから「スマホがなければ生きていけない」と言っている人もたくさんいる。

近い将来ＡＩが社会を席巻《せっけん》した暁にはバラ色の未来が出現すると考えているＩＴの研究家もいるようだが、総じて人間はどうなってしまうのだろうという不安のほうが一般には大きいのではないだろうか。

しかし、私はＡＩの脅威は少し大げさに語られすぎていると思う。

人間には人間にしかできないことがあり、ＡＩが絶対にできない領域があるからだ。感情や本能的な感覚、疑うという思考、偶然や想定できない変化、不合理な思考、意味のない遊び……そんな思考や行動、感覚の動きをＡＩは学習できない。

ＡＩは詰まるところ、ゼロか一かの二進法の機能を原理としているから、黒と白の間にある灰色の細かい襞《ひだ》が理解できない。

「量」を計算するスピードでは人の頭脳はかなわないが、他方、人間の感覚がとらえる即興的に変化する「質」をＡＩは判断することができない。決まり切ったよくある行動や仕事の仕方は、マニュアル的な方程式に変換できるから、こうしたものも、ＡＩにとっては量の領域の計算対象になる。

ＡＩは人間を遥かにしのぐ頭のよさを持ちながら、その頭脳の中には決定的な空白が存在しているのだ。その空白こそ、人間の可能性と言えよう。

だから、ＡＩの進化は皮肉っぽく言えば、人間らしさや人間が生きている意義のようなものをはっきりさせてくれる効用もあると思う。

ＡＩにできなくて、人間しかできないこと。それを正面から突き詰めていけば、むしろ人間の可能性は広がっていくかもしれない。ＡＩの脅威を片目で見ながらも、もう片方の目はそこをしっかり見失わないようにしたいものである。

科学はどこまで生命をコントロールしていいのか？

Ｑ　皮膚や血液の細胞に遺伝子を導入して、心臓、神経、肝臓などさまざまな細胞になれる能力を持たせたｉＰＳ細胞が再生医療として注目されています。

再生医療が進歩すれば、それによって救われる人もたくさんいます。一方で人為的に死んだ細胞を復活させるという行為はある一線を越えているように感じます。

また、医学の力によって、子どものできない体の人も人工授精や代理母などの存在によって子どもを授かる時代となり、その恩恵に与《あずか》った人も世の中にたくさんいます。しかし、科学が人間の生を支配するという事実に対して、どうしてもわだかまりを感じてしまいます。

ただ、その一方で、自分の子どもが不治の病にかかり死を待つだけとなったときに、iPS細胞の技術があれば救えるとなったら、間違いなくその技術にすがると思います。

桜井さんは科学が生命をコントロールすることについてどう思われますか？

A　大昔から、権力者の欲望の行き着くところは〝不老不死〟であった。「老いることも無く、死ぬことも無い」。科学の力を信奉する者の中には、「不老不死」自体は無理にしても、それに近いことは実現可能と考えている人もいるようだ。しかし、そんな方向に科学を進歩させることは、自然の摂理からすれば極めて不自然である。

近年注目されているiPS細胞にしても、もしそれが一般の病院でふつうに行われる医療技術になったとしたら、かなりの範囲の病気に対して恐れや不安を抱く必要は無くなるだろうし、〝不死〟にまで至らずとも〝不老〟の領域はかなり広がっていくのだろう。

だが、こうした科学技術は多大な恩恵を人類に与えてくれるかもしれないが、その一方で想像を超す副作用をもたらしかねないことは覚悟しないといけない。

たとえば、不老と言ってもいいような革新的なアンチエイジングの技術が生まれたら、人口に占める高齢者の割合は果てしなく大きくなってしまう。この社会はただでさえ高齢化の問題が深刻に叫ばれているのに、一体どうなってしまうのだろう。

老いることがより多くの幸せをもたらすのなら、高齢化社会は歓迎すべきことだが、現実の姿はそうではない。

介護制度の欠陥によって介護がまともに受けられない老人は急増する一方だし、高齢者の地域コミュニティでの孤立や孤独死といった問題も深刻だ。家族や社会から邪魔者扱いされることでストレスをつのらせ、クレーマー化したり、万引きなどの軽犯罪に走ったりする高齢者も増えている。高齢化社会の現実はちっとも明るくないのだ。

日本人男性の平均寿命が五〇歳を超えたのは、戦後すぐの一九四七年だという。わずか半世紀ちょっとで日本人の寿命は約三〇年も延びたわけである。私はこの「三〇年」の厚みが自然に違反しているような気がしてならない。

なぜなら人間の体が生まれながらに備えている耐用年数はせいぜい五〇〜六〇年くらいに感じるからである。その耐用年数を超せば、おのずとあちらこちらが故障したり、使えなくなったりするのは当たり前だ。

それなのに長生きはいいことだと、みなせっせと健康に神経質なほど気を遣って生きている。その挙句に寝たきりになっても、今の医療技術は一日でも長く生かそうとするし、生きていく意志を無くしたような状態の人でも五年も一〇年も生き長らえさせる。

だが、自然から恵まれた「生命」は長さという量ではなく、どんな生き方ができるかという「質」を前提に考えるべきものである。

そんなシンプルなことを忘れて「不老不死」の幻想を追いかけるような技術ばかり発達させても、そこにどれほどの意味があるのだろう。「生命」への過度なコントロールは間違いなく恩恵よりも不幸を多くもたらすと私は思う。

自国ファーストといった閉鎖的な潮流の中でどうやって生きていけばいいのか？

Q　アメリカではトランプ大統領が誕生し、フランスやオランダなどでは極右政党が台頭するなど、日本も含めて世界的に右傾化が進んでいるように見えます。

それぞれの国は、それぞれの国益を考えて動いているのはよくわかります。

しかし、愛国心が高まるあまり、それぞれの正当性を主張し合うばかりでお互いに歩み寄ろうとする姿勢がとても欠けてしまっているようにも感じます。

愛国心の高まりによって、世界の国々がこのままどんどん分断されていってしまうのでしょうか？

こういった世界の閉鎖的な潮流の中で、私たちはどうやって生きていけばいいのでしょうか？

A　アメリカのトランプ大統領やヨーロッパでの超保守政党の躍進などにより、確かに世界は右傾化が進んでいるように見える。

しかし、私は今の世界の情勢は「右寄り、左寄り」といった言葉でくくれるような話ではないと思う。

人間は本能的に「自分を守りたい」と思う生き物である。だから争いごとがあっても防御策として鎧《よろい》や盾で身を守ってきた。「自分を守る」からひとつ枠を広げれば、今度は「家族や親族を守る」ことになる。家族を守るためには頑丈な〝家（城）〟が必要である。さらに城を守るためには分厚く、高い〝壁〟が必要となる。

過去の歴史を紐解《ひもと》いても、人間は「自分を守るため」にさまざまな防御策を講じてきた。その最たる例が、紀元前の中国で秦《しん》の始皇帝《しこうてい》によって築かれた「万里《ばんり》の長城《ちょうじょう》」であろう。

トランプ大統領は選挙戦中に公約として「メキシコとの国境に壁を建設する」と息巻いたが、あの発言にしても「アメリカとメキシコを分断する」という意識より、「America First」を掲げるトランプ大統領の「自国を守りたい」という思いのほうが強かったように思う。トランプ大統領は分厚く高い壁に守られた「トランプ王国」をつくり、その上で外交を繰り広げていきたいのだ。

国と国の間に壁を築くように、人は人間同士の間にも壁を築く。それは目には見えない「心の壁」である。

「心の壁」を築くのは、「他人から干渉されたくない」「傷つきたくない」という防衛本能の表れだが、それが行き過ぎると心はすっかり閉ざされた状態となり、対人関係がうまくいかなくなる。

近年、「コミュニケーション障害」の人たちが増加していると聞くが、それも自分を守りたいという気持ちから行き過ぎた「心の壁」をつくったことによる弊害だろう。壁が高すぎるために、自分の気持ちを相手に伝えることができないだけでなく、相手の気持ちもまったくわからなくなってしまうのかもしれない。

物理的な国境の壁にしろ、心理的な心の壁にしろ、近年「壁」の存在が至るところで目に付くようになってきたのは、明らかにここ一〇～二〇年間における急速な〝グローバル化〟の反動であろう。

EU（欧州連合）やTPP（環太平洋パートナーシップ協定）などに代表されるように、世界は二〇世紀末以降、国境を取り払い、人とモノが自由に行き来できる社会をめざしてきた。

しかし、この「広がろう」「つながろう」とする動きがあまりにも急すぎると、自分の立ち位置が大きく揺れ、不安にかられる。その不安感をさらに駆り立てるのが格差の広がりである。

グローバル資本主義はごく一部の経済的勝者と膨大な数の敗者を必然的に生み出す。つまり、先頭を切ってグローバルにビジネスを展開しようとする者は「攻め」の意識で国境を軽々と越えていくが、その流れに抵抗する者は「守り」の意識を強めていくことで自分が所属する国に必要以上に固執するのである。

こうしてグローバリズムへの反動、反発、拒絶反応といったものが、国や自分を守るという強い気持ちとなって世界のあちこちで大きなうねりとなっているわけである。

トランプ大統領の「壁発言」、イギリスのＥＵ離脱問題、スペイン・カタルーニャ州の独立問題などにも表れているように、「閉じこもろう」とする世界的な潮流は当分続くに違いない。

だが、愛国ナショナリズムというのは純粋さゆえに強いというイメージを抱く人も多いが、実のところはとても脆《もろ》い。それは変化に対する柔軟性に欠け、「守る」という姿勢を基本にしているからだ。

「守り」の意識が強まれば、そんな人たちの考え方は当然のことながら内向きになり、閉鎖的になっていく。

麻雀においても「守り」という意識はマイナスである。麻雀に限らず勝負はみなそうだと思う。相手の攻撃を受け、防戦する状況にあるときは、「守り」でなく「受け」と考えるべきなのだ。「受け」という意識でいけば、相手の攻めに大人しく耐えるだけではなく、その状態にありながらも相手を攻めているという積極性が出るのである。

私は月に一、二度、自宅から都内の病院に通うため、小田急《おだきゅう》線に乗る。

そのとき、何気なく他の乗客のみなさんの表情なども観察するのだが、男性も女性も、表情がとても暗い。どの人も、まるで牢獄《ろうごく》に閉じ込められた囚人のように、生気を失った表情をしている。

世の中の人たちはきっと、学校、会社、あるいは管理された社会のシステムに閉じ込められ、窮屈な思いをしているに違いない。そんな窮屈さ、不自由さが暗い表情となって表れているのだろう。

壁をつくって内向きになる人が増える現象そのものはよくないことだが、「広がること、大きくなることばかりが決していいわけではない」ことに世界の人々が気づいたのはいいことだと思う。

グローバリズムと愛国主義的な反グローバリズムの衝突はこれからも至るところで激しく起こってくるだろうが、そのどちらでもない第三の道というものを現代人は意識して模索していく必要があると思う。

それは単純にグローバリズムと自国主義的なものとの間でバランスを取るといったものではない。個人のあるべき基本的な生き方というものは、世間や権力や流行など強い力を持ったメジャーなものに与《くみ》せず、自分というマイナー性に立脚すべきだと私は思っている。そんなマイナー主義の感覚に依《よ》って立つスタンスこそ、第三の道がいかなるものか、その在り方を示唆してくれる気がする。

ユートピアと苦悩に満ちた世界、どちらがいいのか？

Q　平和で争いごとがまったく無く、誰しもが幸せに生きているユートピアのような世界が映画やSF小説などで描かれることがあります。

そこで生きている人々は邪悪なものがまったく無く、毒というものがどこにも感じられない社会をつくっています。

目に見える悪という要素がことごとく排除された世界です。人類はこのようなユートピアをどこか夢見ているような気がします。

このような社会と、他方、多くの人々の心が疲弊し、先行きが暗くて、無数の悪がカビのように至るところに発生し続けるわれわれの現実社会と、どちらが健全なのでしょうか？

苦悩に満ちた世界と苦悩のまったく無い世界。

桜井さんならどちらを選びますか？

Ａ　私が雀鬼と呼ばれるまでに麻雀が強くなったのは、「楽な道と険しい道があったら険しい道を選ぶ」という性分があったおかげである。

どうせなら昨日よりも遠くに飛べるようになっていたい。できないことができるようになった喜びを感じて生きていきたい。

険しい道を選択すれば、辛《つら》いこともあるかもしれないが、昨日の自分より確実に成長できるはずである。だから私は常に「険しい道」を選んで歩んできた。

そんな性分のため、質問にあるようなユートピアにはあまり興味を感じない。今のままの、悪もあって苦悩もある世界がやっぱり私には合っている。

どこかでトラブルが起きたと聞けばすぐに駆けつけ、よりリスクの高い戦いに飛び込んでいった。そんな毎日の中で険しい道をクリアする喜び、楽しさを実感しながら生きてきた。困難も、壁も、何も無いユートピアでは、私は楽しさがきっと実感できず、すぐに飽きてしまうことだろう。

悩みや苦しみがまったく無い世界というものはどんなものなのだろうか？　ストレスのまったく無い世界に私が突然置かれたら、私はストレスの無いことに「何だよ、何かないのかよ」とストレスを感じてしまうかもしれない。

私たちが暮らす現実の世界には、善と悪の両方が存在する。それが理想郷であるユートピアには〝善〟だけが存在するのだろうが、「善だけの社会」そして「善だけの人間」というものをつくろうとしてもそれは不可能である。もし実際にそんな世界があれば、かなり不気味だろう。

自然で言えば、天と地、昼と夜、乾季と雨季、さらに生物で言えば男と女、オスとメス、そして人間の内面で言えば善と悪や喜怒哀楽、勝負の世界では勝ちと負け。対極にあるふたつのものが存在することで、この世の中はバランスを保ち、成り立っている。

だからこの世には善だけの人間もいなければ、悪だけの人間もいない。「あいつは鬼畜だ」と言われるような凶悪犯でも、どこかに必ず善の部分はあるはずである。善と悪、明と暗、強さと弱さ、やさしさと怖さ、そういった対極にあるもののバランスによって人間性というものは形づくられていく。

もしユートピアで暮らす「善だけの人間」がいるとすれば、それはＡＩで動くロボットと変わらず、その意味でももはや人間とは言えないだろう。

南の孤島にある村や、ジャングルの奥地でひっそりと生活を営む集落など、太古の人類さながらの生活を今も続けている地域、そしてそこに生きる人々は、私の思う〝理想郷〟に近い生活を送っていると思う。

狩猟時代さながらの暮らしをしている集落は当然のことながら自給自足で、いくつかの家族が集まって共同生活を送っているはずである。

狩りや漁で獲《と》ってきたものは自分のものではなく、みんなで分け合うもの。私たちの社会のような分捕り合戦や独り占めなどはこういった社会には存在しない。

村人の中には魚を獲ることが誰よりも上手な人もいるだろうが、そういった人は別に自慢もしないだろうし、周りから〝優秀である〟というような評価も受けないだろう。そしてその魚を分けてもらったほうも「ありがとう」とは言わない。そんな社会には、私たちの社会で重要視される〝努力〟も〝向上心〟も無い。

このような共同社会だと〝悪〟の要素は限りなく少ない。なぜなら、そんな社会には〝善〟の要素も限りなく少ないからである。

分ける、与える、譲る。そういった感覚が〝善〟としてではなく、当たり前に存在している社会には〝悪〟も存在しない。こういった原始的な社会こそが、私の考える理想郷なのだ。

地球上最後のひとりになったら、それは人間と言えるのか？

Q　人間は「人の間」と書くように、人とまったくつながらないで生きていくことはできません。

孤独な生活を送っている人でも、どこかで人とつながっているものです。

そもそも他に人がいるから「私」という意識も生まれるわけです。

もし、地球で最後のひとりになってしまったら、人と人の間にいることで成り立つ人間でありえるのでしょうか？　桜井さんは何を思って生きていきますか？

A　確かに、生まれたときからこの世に自分しかいなかったら〝自意識〟や〝私〟という〝個〟の感覚は出てこない。他者がいるからこそ、自意識も自我も芽生えてくる。

でももし、全人類が滅び、この世にたったひとりになってしまったら……。果たしてそこにいる自分は〝人間〟と定義できるのか、そもそも疑問である。

とはいえ、もし私が地球上で最後のひとりとなったら、〝桜井章一〟という肉体を持った存在は変わらずそこにいるだろう。

ただ、周囲に誰もいないわけだから、共感や相互感というものは無くなってしまう。仲間と一緒に遊ぶことが何より好きな私なだけに、そんな状況になったら寂しくてしょうがなくなってしまうに違いない。

私は自然が大好きだが、海と山、どちらが好きと聞かれれば迷わず「海」と答える。だから地球上最後のひとりとなったら、きっと海辺の自給自足できるようなところに移動し、泳いで捕まえた魚などを食料として生き延びていくだろう。

できれば「地球上最後のひとり」などは御免こうむりたいが、世の中には自ら進んで人里を離れ、隠遁生活を送っている人もいる。

自ら独りで生きる道を選ぶ人にはきっといろんな理由があるだろうし、それぞれの性質、思考、育った環境なども大きく関与しているのだと思う。

人間は誰もが〝否定感〟と〝肯定感〟を持っている。世の中すべてのことを否定することはできないし、肯定することもできない。

でも、人間関係を絶ち、隠遁生活を送っている人は、潔癖なまでに自分に都合の悪いことはすべて否定して生きているような気がする。

自分に都合の悪いことをすべて拒否していれば、今の社会とかかわっていくことも当然いやになっていくだろう。自分の外側にあるものに対する否定は、必ず自分の否定となって返ってくるからだ。たとえ社会に対して否定したいことがたくさんあっても、その一方でどこかに「このくらいなら大丈夫」という肯定感を持っていることがとても大切だ。

誰しも自分のことを強く否定すればその瞬間、他人とのつながりが消滅し、頭の中では「地球上最後のひとり」になっているかもしれない。

ネットの影響も手伝って、今の人は自分に対する評価の振れ幅が非常に大きい。今日は自信たっぷりの気分になっているかと思えば、明日はこの世から我が身をくらましたいと真剣に考える……。そんな人たちがたくさん棲息《せいそく》しているこの社会を想えば、「地球上最後のひとり」はこの瞬間にも無数に存在していないだろうか。

第二章　「道徳」が生む危うい選択

人は差別をしなくては生きていけない存在なのか？

Q　人間は「差別のない社会を」と言いながら、この社会から差別はなかなか無くなりません。

トランプ大統領が誕生して以降、アメリカでは白人至上主義が横行し、有色人種が激しい差別に遭い、各地でそれに抗議するデモも多発しています。

ここ日本にも、人種差別、職業差別などいろんな差別がまだまだ横行しています。

差別とは一体何なのでしょうか？

差別がこの世から無くなることはないのでしょうか？

A　メジャーリーガーのダルビッシュ有投手が、対戦チームの選手から差別的行為をされたことが以前ニュースで報道されたことがあった。その選手はダルビッシュ投手からホームランを放ちベンチに戻ってから、自分の目尻を指で引っ張ってアジア人蔑視の言葉を吐いたという。ダルビッシュ投手はそれに対し「完全な人間はいない。いろいろな人がいることは学びになる。このことが人類が前に進むための一歩になればいいと思う」といったツイートを投稿している。まったく素晴らしい対応である。差別行動を取った選手はキューバ出身というから本人もアメリカでは差別の対象になっているかもしれない。差別を受けるものがまた別の人間を差別する。そこに差別をやってしまわざるをえない人間の救いようのない哀れな性《さが》を感じてしまう。人間はどこまでも差別する本性を持ち続ける生き物なのだ。

なぜ差別をするのか？　それは自分が差別する相手より優れた人間だと思いたいからだ。人の心には必ず劣等意識があるからそれを埋めるために優越感を常に求めてしまう。そこで自分より下の人間をつくることで束の間の優越感を抱き、今の立場を安全で確かなものにするわけだ。このように差別意識と優劣の意識は密接につながっている。

人はひとりひとりみな個性を持っている。その多様さは人と比べたときに差となって現れるわけだが、その差を個性として認めるのではなく、自分をより優位に導くために見下す対象とするのが差別だ。

差別はいけない。そう思う私だって差別の意識はどこかに潜んでいる。私が小学生のとき、悪ふざけで下級生の足に障害のある女の子の歩き方をみんなの前で真似《まね》したことがある。そのとき担任だったふだんはとても温厚で優しいアライ先生が、血相を変えて私のところに飛んできて私のことを全身を震わせて激しく叱り、頭にゲンコツを食らわせた。その痛みは心に突き刺さり、生意気だった私はその瞬間心底自分を恥じた。アライ先生は私の中でいつまでも忘れられない存在として生きている。差別は卑劣なものだということを身をもって学んだ貴重な体験である。

差別は人に対する優劣の意識から芽生えるものばかりではない。たとえば、理解しがたい異質な人を見たとき、人は自分の存在が揺らぐような不安を覚えることがある。その不安を取り除こうとして異質な相手を排除し、差別するということがある。

差別意識が強い人は結局のところ自分に自信が無いゆえに不安が強く、自己肯定感も低いのだろう。だからヘイトスピーチをやっている連中などは、「私には本当の自信というものがかけらもありません。おそろしいほど弱くて不安な存在なんです!」と大きな声でわざわざ自らを宣伝しているようなものだ。

生物というものは本来多様性に富んだものである。人間の体だって目に見えない一〇〇兆個という数の細菌と共生しているからこそ、生命のバランスを保てているのだ。移民国家アメリカもさまざまな問題はあるにしても、多様な民族がいるからこそいろいろな分野で強さを発揮するのだろう。

「多」と共生することはしなやかな強さを生み出す。一方で「単一」をめざすことは純粋で一見強いようだが、ひどく脆いものだ。たとえば、今の日本人は極端な清潔志向を持っているがゆえに体を守っているさまざまな雑菌が排除され、免疫力のバランスが崩れた弱い体になっているそうだ。国というのはそれと同じで、たとえば移民を排斥する動きが強まっているアメリカは明らかに国として硬直化現象を起こしている。

このように「多」と共生することは自然の理にかなったことであり、それゆえとても大事なことだ。

差別の問題も、ひとりひとりの差を多様な個性として認め合うことがそれをなくす第一歩だが、人間の頭は往々にして狭量で不自由であり、こういう多様性なら認めるけど、あんな多様性は認められないということがしばしば起こる。どんなに寛容で柔軟な精神の持ち主であっても、優越意識や劣等意識を持たざるをえない人間である限り、誰かを差別する可能性は常に持っている。

では、認めがたい個性はどうやったら受け入れられるようになるのだろうか？

私の雀鬼会の道場には、一般社会的にはみんなからちょっと敬遠されたり、違和感を与えたりする性格や行動パターンを持った若者がいる。だが、道場生はそんな子を差別して排除したりはしない。むしろ道場を楽しく盛り上げる個性としてとらえている。すると、そのマイナスの要素が味わいとなってその子の存在をむしろいい意味で際立たせてくれるのである。「仕方ないなあ、こいつは……」、そう思いながらもみな親近の情を互いに絡ませながら、麻雀を打ったり、楽しく遊んだりするのだ。

もし、この道場生たちがふだん別の場所でお互いに会っていれば、こいつはダメな奴だと思って相手にしなかったり、邪険な態度をとったりするかもしれないが、そんな意識をひっくり返す関係性の結び方というものが実はあるんだということを彼らは教えてくれる。

私には人が持つ多様な差を柔軟に受け入れるヒントがそこにあるような気がしてならない。

人を殺してはなぜいけないのか？

Q「人を殺してはいけない」

これは道徳観、宗教観などを抜きにして、理屈ではなく、人間が生物として命をつないでいくための、しごく当たり前のこととして考えられています。

以前、「人はなぜ、人を殺してはいけないのですか？」という若者の問いかけが話題になったことがありますが、殺人は戦争のように時と場合によっては正当化されることがいくらでもあります。

人を殺すことは本当にいけないんでしょうか？

A　人を傷つけてはいけない。ましてや命をとってはいけない。そんな当たり前のことに理由はいらないし、そもそもそういったことを疑問に思うこと自体が間違っていると思う。

「なぜ人を殺してはいけないのか？」という問いかけをした若者は、そもそもこの問いを深く考えていたわけではないのだろう。思いつきに近い疑問がふと湧いてそれを発しただけではないか。ただ、問いそのものが意表を突く深さを感じさせたので広く話題になったのだと思う。

「人を殺してはいけない」ことなど、本来は自ら生きていく中で直観的に体のレベルでわかっていないといけないことだ。それをわざわざ疑問に感じるのは、それだけ現代人の「命の感覚」が希薄になっているということではないか。だとすれば、そのことのほうが大きな問題ではないだろうか。

人として「他人の命を傷つけてはいけない」のは当然のことだが、この当然のことにしてみても、その枠をちょっと広げただけで解釈の仕方は変わってくる。これは過去の歴史から見ても明らかだ。

「一人を殺せば殺人者だが、一〇〇万人を殺せば英雄」という言葉があるように、人類は過去、幾多の争いの中で大量殺りくを繰り返してきた。

戦争となったとき、敵を殺すのは〝正義〟である。日本は世界唯一の被爆国であるが、当時のアメリカにしてみれば、原爆投下は〝正義〟の行動だった。そして、アメリカ側が考える正義の鉄槌《てっつい》が広島と長崎に振り下ろされ、多くの日本人が亡くなったり、その後、ひどい後遺症に苦しむことになったりした。

戦争は人を狂わせる。そこには通常社会の倫理も道徳も通用しない。科学が発達、進歩すればするほど、より多くの人を殺せるようになる。今も、最新兵器という名の凶器をアメリカやロシアを筆頭に、いろんな国が研究、開発している。

「人を殺すための兵器を、最新の科学技術を用いてつくっている」

この事実を前にして、「人を殺してはいけない」という当たり前の倫理道徳観はまったく意味を成さない。

「たとえ無意味だとしても、〝人を殺してはいけない〟と言い続けることが大切だ」という人もきっとたくさんいるだろう。

私も同感だが、殺してはいけないのは人だけではない。本当は、虫だって簡単に殺していいような命ではないと思う。

虫を嫌う人はたくさんいるし、世の中にはそんな虫たちを退治するための殺虫剤が数え切れないほど売られている。人は殺してはいけないのに、虫は殺し放題。ハエもゴキブリも、世間の人たちから目の敵にされている。

ハエやゴキブリは病原菌を運んでくる汚い虫などと言われているが、この日本において、ハエやゴキブリがどれほど人に迷惑をかけているというのか？　よく病原菌を運んでくるから害虫だというイメージがあるが、専門家によればこの清潔志向が強まった日本の社会において人間の健康に害を与えるような病原菌を彼らは持っていないという。ただ、「気持ち悪いから」という理由だけで虫を殺生している人は、きっとたくさんいると思う。でもそれって、ちょっとおかしくないか？

先日、我が家でくつろいでいるとき、蚊を大きくしたような虫（後で調べたらガガンボと言うらしい）が部屋に舞い込んできた。

その虫が飛ぶのを見ながら、私は「この虫の寿命もきっと短いんだろうな」と、虫の命のはかなさを思っていた。

すると、ガガンボが部屋のカーテンにまとわりついていた綿クズに脚を取られ、飛べなくなってもがいている。

「綿クズひとつで失われる命もあるんだ」

私は命のはかなさを改めて思い知らされた。そしてガガンボから絡まった綿クズを取り、手で包むように外へと連れ出し、庭に放してやった。

虫のはかない命を思う。これは道徳や倫理といったものではなく、人としてそういう気持ちがすっと起こるかどうかの問題である。

もちろん、はかない命と呼べるのは、この地球上に生きるすべての生き物に言えることだ。動物も、虫も、花も、葉っぱも、すべてがはかない。人間だけが生き残っていけばいいという傲慢なやり方を続けていれば、環境破壊などによる地球の温暖化、人口増加による食料不足などが進行し、そのうち人間自身がこの地球上で生きられなくなるのは間違いない。

「人を殺してはいけない」などと当たり前のことを言う前に、「はかない命」に思いを馳《は》せることのできる情緒を育むべきだと私は思う。

情緒を育てれば「人を傷つける」というような感情も発想もまず出てこない。だからこそ、人は子どものころからさまざまな情緒に触れることが大切なのだ。

テレビや本などから情緒を学べることもあるかもしれないが、本当の情緒は目の前の自然と触れ合うことから生まれ、育まれていく。

たとえば、宵の口の空に浮かぶ月を見る。三日月だったり、満月だったり、雲にちょっと隠れていたり。そんな月の表情の違いを楽しみながら「わび・さび」を感じるのである。

道端に咲く、雑草の花に気づく人は少ない。しかし、風雨にさらされながら、土もない、アスファルトの隙間に芽吹くその小さな命に、私ははかなさと、自然の真の美しさを感じる。

きれいな花を見るために「○○園」といったような施設に行くのもいいかもしれないが、わざわざそんな施設に出向かなくても、ふだん暮らしている街を歩くだけで自然の真の美しさは味わえる。

だが、すべてが損得勘定の今の社会で人々が血眼になっているのは得をするための「数の計算」ばかり。「損だ、得だ」と、そんなことばかり考えている人に月のわびしさや道端に佇《たたず》む雑草の寂しさを感じることは難しいだろう。

雑草は誰かにつくられたものではなく、自然の力によって生まれたものだ。雑草は誰にも相手にされない、弱く、小さな存在だ。

でも、そういった存在に目を向けていると、今度は老人や体を痛めている人、あるいはホームレスといった社会の中の弱い存在、小さな存在に目が行くようになり、自然に、すっと手を差し伸べることができるようになる。そんな情感を持っていれば、命というものに対する繊細な感受性が育っていくと思う。

「かたき討ち」は許されるのか？

Q　絶対に許されない罪を犯す人間が社会には一定数います。その被害を被った人は自分で相手を制裁することはできないので、代わりに司法に制裁を加えてもらっています。

復讐《ふくしゅう》の感情は、江戸時代にかたき討ちが公認されていたように、人間社会のバランス、人間の精神のバランスを取っていく上でどうしても起こってしまう、本能的な感情と言えるのかもしれません。

江戸時代のかたき討ちのように、桜井さんはかたき討ちを認めますか?

A　他者から攻撃を受け、被害を被ったときに「同じ思いを相手にも味わわせてやる」と復讐の念を抱くのは、防衛本能からくる人として当然の感情である。

かつて、国家や法律などがない太古の世界では、人類はもっと本能に近いところでそういった復讐行為をしていたに違いない。

だが今は〝法律〟というものがあるから、身内が攻撃を受けたからといって相手に同じことをしていたら自分まで罰せられることになってしまう。

かつて、江戸時代にはかたき討ちが慣習として認められていたというが(赤穂《あこう》浪士の話などがその最たる例であろう)、当時は上の立場にある人を敬う、大切にするという儒教からくる教えが日本にも広まっていたこともあって、「上の立場にある人」が何か被害を受けたときに、下の者たちが「かたき討ち」の行動を起こしたケースがけっこう多かったのではないだろうか。

罪もない子どもが残虐な殺され方をした事件の報道に接したりすると、「かたき討ち」の概念がふと思い浮かぶときがある。

もし自分が被害者の親だったら……。そう考えると「かたき討ち」はより切実な問題として自分自身に迫ってくる。

私の家族がもし、何の理由も無しに殺されたら。そのとき、私はきっとかたき討ちに走るだろう。

昔、我が子がまだ小さかったころ、私は「この子たちが意味もなく、車に轢《ひ》かれて死んだとしたら、同じ車種に乗っているやつをひとり残らず殺す」ぐらいに思っていた。

くれぐれもお断りしておくが、私は復讐、かたき討ちというものを認めているわけでは決してない。

私の性分として、もし家族がひどい目に遭ったら、同じことを相手にする。そのために行動を起こす覚悟があるということである。

人を殺すとは、命を相手から盗んでいることである。だから、命を奪ったものはそれと引き換えに自分の命を差し出すべきではないか。命を取るものは、少なくともそのような覚悟があってしかるべきだし、たとえ覚悟など無くても自分の命が取られることに文句を言う資格は本来無いはずだ。

死刑制度とは個人の代理人として国が復讐をする仕組みである。そんな死刑制度に対しては、たとえ重い罪を背負った人間でも人権はあるという人権思想の観点から廃止すべきだという声が高まってきている。だが、「冤罪《えんざい》の可能性」を抜きに考えれば、私はぎりぎり死刑制度はあっていいと思っている。

そもそも復讐とはおそらく本能のレベルで息づいている感覚なのかもしれない。太古の時代、命を懸けて獲ってきた獲物などの食材を奪われることは、自分の生死にかかわることであった。盗《と》ったものに対する復讐の怒りは本来自分の命を存続させるためのものなのだ。

復讐をテーマにした映画や小説があれだけ受けるのも、どこか本能の深いところを突いてくるからではないだろうか。そんな復讐心を制度として救済するのが、死刑などの刑罰でもあるのだ。

最近は「気に食わないやつをリンチした」「頭にきたのでみんなで袋叩《だた》きにした」というような事件をよく目にする。恨みや妬みのような負の感情を人間は元々持っている。

この世の中に負の感情の無い人はいない。みなさんも夫や妻、あるいは上司や部下、先輩、後輩に恨みや妬みの感情を持ったことはあるだろう。そんな負の感情の発散として復讐やかたき討ちを許してしまったら、それこそ歯止めの利かない人間ばかりとなり、この世は暴力一色となってしまう。

恨んだら殺せばいい、何かやられたら敵を討てばいい。そんな社会では、いつ自分がターゲットになってもおかしくはない。復讐心という〝怨念〟、この負の感情の連鎖には終わりがない。人間の欲望には限りが無いように、負の感情にも限りが無いのだ。

復讐心と暴力に満ちた社会にあるのは〝恐怖〟だけ。ただでさえ、今の社会には不安を感じて生きている人がたくさんいるというのに、ここに〝恐怖〟も加わったらそれこそ社会は壊滅してしまうだろう。

個人的な復讐が制度として認められると、このような弊害が間違いなく生まれる。その点でかたき討ちを公的に認めることと、個人の内面だけでそれを認めることは社会的な意味合いが大きく違ってくる。

復讐という本能的な感覚に個人のレベルで折り合いをつけるのは、副作用が強すぎるのだ。かたき討ちや復讐という概念は、この近代の社会においてはそんな葛藤の中で常に考えなければならない対象なのだろう。

いじめで学校に行きたくないが、いい対応策はあるか？

Q　太っていて運動神経もよくないため、学校でいつもクラスメートにバカにされ、最近は汚いもの扱いされたり、無視されたりして、学校に行くのが辛いという中学生がいます。学校に行きたくないし、できれば学校を辞めたい。その子はそう思っているのですが、親は「学校に行け」と言います。

いじめに遭っているこの中学生はどうしたらいいですか？

A　いじめに遭い、学校に行きたくないのなら学校になど行かなければいい。人には自分が「居られる場所」が必要だ。多くの時間を過ごす学校で、いじめによって自分の居場所が無くなるのはかなりきついことだろう。

親がわかってくれないなら、最近はいじめの相談に二四時間対応してくれる文部科学省の「24時間子供SOSダイヤル」などもあるので、そういったものを利用してみてもいいと思う。

とにかく、死ぬくらいなら、他の道に進めばいい。これは逃げではなく、「Aか、Bか」といった選択の問題である。

「Aという道が死ぬほどいやなんです」という人は、ならばBなり、Cなりの道を探してそっちに進めばいいだけなのに、それができない。そのような逃げ方ができないのは、どこかで「学校に行くのは当たり前。学校に行かないのはダメ人間だ」という常識に洗脳されてしまっているからだ。だから、周りも本人も、そんな常識は社会が勝手に決めたことであって、たいして価値があるものではないと考えるべきだろう。

いじめは往々にして、集団や仲間の中で目立った存在、はみ出した異質な存在感を持った者に対して向けられる。マイナスではなくいいほうにはみ出していてもいじめの対象になったりする。つまり、いじめる側はそうした人が自分たちの集団や仲間の安定した秩序を揺るがしかねない者ととらえ、排除することで安心感を得たいという気持ちがあるのだ。

いじめることでストレートな反応が返ってくるほど、いじめる側は手ごたえを感じ、いじめをエスカレートさせていく。だから、いじめられる側は「お前らみたいな偏狭な人間は相手にしないよ」とできる限り無視していれば、いじめ甲斐が無くなってそのうちやらなくなる可能性がある。

もっとも追い詰められた精神状態にある人は余裕が無くなり視野が狭くなっているため、何がベターな選択肢なのかを探すことも、見つけることも、選ぶこともできなくなっている。

ただ、私には最近の人たちはそういった余裕だけでなく、〝選ぶ力〟そのものが弱くなってしまっているように思えて仕方ない。

かつて私が子どもだったころの日本は〝知恵〟の時代であり、子どもたちは大人からさまざまな生きるための〝知恵〟を学び、それを〝選択〟のみならず、自らの人生を歩んでいく上での〝力〟として役立てていた。

しかし、ネット全盛の現代社会において必要とされているのは〝知恵〟ではなく、〝知識〟であり〝情報〟である。

現代社会に生きる人たちは、たくさんの〝知識〟や〝情報〟を持っているが、あまりにたくさんの知識や情報を持ちすぎているために、「その中から何を選んだらいいのか」がわからなくなってしまっている。あふれる情報に翻弄され、選ぶ力が弱くなってしまっているのだ。

ふたつの中からひとつを選べと言われたら、誰でもすぐにできるだろうが、「一〇〇個の中からひとつ選びなさい」と言われたらそれなりに時間がかかる。ましてやその数が一〇〇〇個、一万個となったら、もはや選ぶことなど不可能だ。現代社会はまさに選択するという行為において〝お手上げ状態〟になっているように感じる。

もしかしたら、今の人たちには〝選ぶ〟という観念すら無いのかもしれない。〝選ぶ力〟が限りなく薄くなってしまった現代人。雀鬼会の道場生たちの打つ麻雀を見ていても、

「選ぶのが下手だなぁ」と思うことが非常に多い。

私がかつて勝負の世界に生きていたとき、これはすごい打ち手だなと思った相手がひとりいた。その打ち手は光速と言ってもいいほどのスピードで鮮やかに牌を回していくのだが、打って拾うという瞬間、瞬間の選択が一分《いちぶ》の狂いもなく見事なのだ。それは自らの生き方においても粋な選択を重ねてきたんだろうなとつい思わせてしまうほどのものだった。

選ぶのが下手ということは、「選ぶセンスが無い」ということである。

今はパソコン一台あれば、あるいはスマホ一台あれば、知りたいことをネットで瞬時に調べることができる。そんなとき、答えがひとつならばいいが、答えがふたつも三つもあったらどうだろうか? 今の人たちは正しい情報を選ぶことが果たしてできるのだろうか?

選ぶセンスが無いと、いくら便利な世の中になったとはいえ、正しい答えを得ることは難しいだろう。

現代社会は政治的、経済的な問題をいろいろと抱えているが、新聞によってその取り上げ方、切り取り方、解釈の仕方はまったく違う。そんないくつもある情報の中から「何が真実なのか」を探るのにも、やはり「選ぶセンス」は欠かせないものなのだ。

選ぶセンスが身に付いたあとは、「その情報を受け入れるのか、受け入れないのか」を自分で判断すればいい。

そして、「みんなが受け入れているから私も受け入れよう」ではなく、取捨選択をしっかり行い、「これだけは受け入れることができない」という、自分の〝芯〟のようなものを持つことも大切だ。これは麻雀も人生も同じである。

現代の知識や情報といったものは、世の中で当たり前とされていることや常識や価値観なども含まれる。選ぶセンスの無い人たちは、そういった常識や価値観を「当たり前」のこととして受け入れてしまっている。そのようなものが本当に自分らしい生き方をする上でプラスになっているか、まずそのことを疑ってみるといい。

社会構造の上にいる者たちは、知識や情報の中に実に巧みに下の者たちを操るための細工を仕掛けている。

その細工が〝世の中の常識〟や〝社会システム〟、あるいは〝教育〟や〝会社の方針〟といったものに潜んでいるのである。

いじめられて学校を辞めたい、上司からいびられて会社を辞めたい。そう思っている人たちは、まずはそこから離れてみよう。

そして、世の中で当たり前とされている常識やよいと思われている価値観、さらには高尚とされているものなど〝よさそうに見えるもの〟ほど疑ってかかるのだ。

いじめられる側がそんな足場を持っていれば、いじめに対してどこか余裕を持てるはずだ。そしていじめに対して逃げることも含めてどんな対応が効果的なのか、比較的冷静に判断できると思う。

道徳教育に効果はあるか?

Q　子どもたちに道徳を教えるために、義務教育の中で教科外の特設時間として行われてきた「道徳の時間」が、「特別の教科　道徳」に変更されることになりました。

本来、道徳とは家庭や社会がふだんの生活の中で子どもたちに教えていくべき事柄だと思いますが、親や社会がそういった役目を果たしていないため、義務教育の中で道徳教育に力を入れることになったのでしょう。

道徳教育はそもそも効果があるのでしょうか？　桜井さんは道徳教育をどうとらえていますか？

A　私が子どものころにも、道徳の授業のようなものがあった気はするが、元来私は学校の授業を真面目に受けるような生徒ではなかったため、具体的に何を教わったかはまったく覚えていない。

道徳が登場する以前の〝道徳心〟は、儒教や仏教、キリスト教などの宗教が「人としての正しい行い」を説いていたのだと思う。

仏教もキリスト教も、その後の長い歴史の中でいろんな改変が加えられ、さまざまな宗派に分派し、その時代、その時代の人々に受け入れられやすいように変化してきた。

そのような宗教の変遷を辿っていくと、宗教は神や仏を商品にしたひとつの〝商売〟のようなものであることがよくわかる。

誰が考えたかわからない言葉も「ブッダが述べたこと」「キリストがこう仰《おつしや》った」と言

えば、いい言葉に聞こえるし、ありがたみも増える。

今、義務教育の中で取り入れられている〝道徳〟も、結局は宗教と同じでひとつの〝商売〟の形である。

道徳を義務教育の正式な授業として取り入れるということは、国を挙げてひとつの〝思想〟を〝道徳〟という形に変えて広めようとしているわけだ。

知識や情報が重要視される現代は、〝思想〟も高尚なものとして受け取られがちだが、そんな「いいもの」にこそ、私たちは疑いの目を持って接しないといけない。

過去、幾多の国で独裁者たちがその〝思想〟を声高に叫び、国のあるべき姿として掲げ、そんな〝思想〟と〝思想〟の衝突によって戦争が起こり、多くの命が犠牲となってきた。

だから、〝思想〟は危ない。近年の独裁者と言えば、北朝鮮の金正恩《キムジョンウン》が真っ先に挙げられるが、私たちの暮らすここ日本にも危ない思想を持った政治家はたくさんいる。そのことを忘れてはいけない。

改まって〝道徳〟と聞くと、どうしても堅苦しさをどこかに感じる。道徳を「守るべき正しいこと」「人として正しい振る舞い」というふうにとらえると、道徳にうるさい人は周りにそれを絶対的なものとして押しつけがちである。

どう行動し、いかに考えるのが正しいのか、あるいは優れているのかといったことは、個人、個人によって微妙に違う。それゆえ、道徳を絶対善と思い込んでいる人は周りにいる人と必ず何らかの軋轢《あつれき》を生じさせたりする。

たとえ道徳の内容が正しいものであっても、それを押しつけられる人の中には反発をし、逆に悪い行動を起こさせるきっかけにもなったりする。人は抑圧的なものに対しては本能的に反抗する衝動を持つからだ。このように道徳的な啓蒙《けいもう》は、往々にして人が本来持っている自由を侵すものなのである。

道徳というフレームではなく、人として何が普遍的に大切なのか、人は本来どうあったほうがいいのか、そういったことを自分の体験を踏まえて考えていけば、おのずと人や社会に対するより好ましい振る舞いが身に付いていくと思う。

近年、東南アジア方面から日本にやって来る旅行者がとても多いが、彼らは日本人の行動を見て驚くことが多いという。たとえばラッシュ時の電車に乗るとき、日本では降りる人を待って、その後に利用者が乗り込む。だが、自分の国ではそういう光景を見ることが少ないというのだ。

日本でこのような混乱状態に整然とみんなが対応していけるのは、日本にはまだ〝恥〟の文化が残っているからである。今、街を行く大人たちを見ていると〝恥〟の概念がだいぶ薄れてしまったことを痛感するが、それでもまだ、日本には「やりたい放題で振る舞っていたら恥ずかしい」「人に迷惑をかけても平気な顔をしているのは恥ずかしい」といった〝恥〟の文化が細々とだが息づいている。

もっとも、この恥の文化は日本がムラ社会であることが大きく影響している。「旅の恥はかき捨て」という言葉があるのは、ムラ的な共同社会の外に出れば恥も捨てられるという心理なのだ。そう考えると日本人が持っている恥の意識が、本当の徳と言えるかはちょっと怪しい部分はある。

日本では、大人が子どもにまず「人様に迷惑をかけてはいけないよ」ということを教える。確かに、人様に迷惑をかけてはいけない。でも私はそこからもう一歩踏み込んだ「人としてどうあるべきか」を子どもたちに伝えていくべきだと思っている。

人は、どうしたって何かに迷惑をかけなければ生きていけない生き物である。迷惑をかけない人間などこの世にはひとりもいない。

であるならば「人様に迷惑をかけるな」ではなく、「迷惑はかけちゃうけど、お互いにあまり迷惑をかけすぎないように気をつけていこうね」と教えるべきだ。

道徳的なことを子どもたちに教えるとすれば、わざわざ授業などに持ち込まなくても、大人たちがちょっと工夫をして子どもたちと接すれば、「人としてどのように振る舞えばいいのか」を教えることはいくらでもできる。

そもそも「こうするのが人として正しい」という道徳を知識で教えても、子どもはお腹《なか》から理解できるわけではない。それよりは、子どもがひきょうなこと、ずるいことをしたときに「ひきょうって何だろう?」とか「ずるいってどういうことだろう?」「何でウソをついちゃうんだろう?」と一緒に考えるのだ。

ずるいことをした子どもに対し「お前は何てずるいやつなんだ!」と一方的に叱り付けるだけではまったく意味がない。

「私もそういうずるいところがあるよ。何で人間はそういうずるいことをしちゃうんだろうね？」と子どもに問いかければ、子どもは「あ、大人にもそういうところがあるんだ」と気が楽になり、心も開くだろうし、心がオープンになれば素直に「何がダメで、何がいいことなのか」も受け入れてくれる。

大人が子どもに何かを教えるとき、大人のほうが立場が上だからどうしても〝上から目線〟になりがちである。でもそんなとき、ひとつの答えを上からポトンと落とすのではなく、子どもと同じ目線で、一緒に「どうしてなんだろう？」「何でだろう？」と考えることが大切なのだ。

殺人や窃盗の罪を犯した人間でも、頭では「人を殺してはいけない」「人のものを盗ってはいけない」という道徳があることくらいわかっているだろう。でも、それらが平然と無視されるのはそんな連中にとって道徳が知識に過ぎないし、また無意識に反抗の対象でもあるからだろう。詰まるところ、道徳的な感覚は、その意味を身をもって体験しないと生きてこないということだ。

形式ばった上から目線の道徳の授業などいらない。それよりは道徳から外れた振る舞いを身近なところで感じるような体験を意識的にしてもらうことだ。ふだんの生活の中でそういう機会があれば、大人がそれを取り上げ、問いとして子どもに投げかけるほうが、「人として何が本当に大切なのか」を学べるはずである。

道徳のテーマについて以前取材を受けた際、雀鬼会のルール（牌は一秒で打つ、第一打での字牌《じはい》切り禁止など、一般の麻雀にはない決まりごとがある）は、いい麻雀をみんなでつくろうという一種の道徳ではないか?という質問をされたことがあった。確かに雀鬼会のルールは勝ち負けを超えた次元でみなが気持ちのいい麻雀が打てるようにつくったものだ。道徳が気持ちよく暮らせる社会をつくることを目的としているなら、雀鬼会のルールもそれと似ているところはある。

だが決定的に違うのは、道徳は現実に風通しのよい生きやすい社会を必ずしもつくらないが、雀鬼会のルールは参加者全員が麻雀を気持ちよく楽しむための役割を果たしているという点だ。

知識としての道徳は往々にして抑圧的で窮屈な不自由をもたらすが、雀鬼会のルールは結果的に参加者の心を伸び伸びと自由にさせてくれる。それは麻雀にありがちな駆け引きの計算、騙《だま》しのテクニックといった経済と政治の要素をことごとく取り去った麻雀だからだ。自分が単純に勝つことよりも、場全体をいかに気持ちのいいものにするか、そのためのスピーディなやりとりと刻々の変化が打つ者をどこまでも解放してくれるのだ。雀鬼会のルールはあくまでもそれを強く後押ししてくれるものなのである。

恩義ある上司を裏切って内部告発すべきか？

Q　上司が業務上の損失をごまかすため、会社に虚偽の報告をしているのを知ってしまった部下がいます。

不正を黙っておけば、そのとばっちりが社内の別の人間にいって、その人の立場が危うくなってしまいます。

ただ、その上司は社内きってのエリートで、同世代の社員の中でも出世頭です。

部下はその上司からはかわいがられており、このままいくと上司とともに順調に出世していくことが予想されます。

そんなわけで上司にはこれまでの恩もあるし、その部下は不正を告発するのをとてもためらっています。一体、この部下はどうすればいいのでしょうか？

A　この問いの内容は損得勘定に則《のっと》った〝戦略〟であり、人としてどう生きるべきかといった〝良心〟はあまり感じられない。

文明が生まれ、政治的な争いや戦争などの紛争が頻発するようになると、そういった争いを「いかに勝ち、生き抜くか」が重要視されるようになり、そのための〝戦略〟が次々と考え出された。

古くは、紀元前の中国に登場した「孫子《そんし》の兵法」などがその最たる存在であろう。有史以来、人間は争いを生き抜くためにさまざまな戦略を編み出し、争いを繰り広げてきた。

今の社会では、国家間の〝世界大戦〟と呼ばれるような大きな戦争こそ無いものの、〝企業〟同士の激しい争いや〝受験戦争〟と呼ばれるような競争に満ちあふれている。

そんな社会の中で生きていれば、人は当然〝戦略〟を持って生きるようになる。会社に入って出世していけばいくほど、人は戦略漬けになる。

この質問者に良心があれば内部告発によって上司を訴えることもありえるのだろうが、今の社会で戦略漬けとなった人たちは「ウソをついてでも得をしたい」と考えるから、上司の背任行為を告発するようなタイプはほとんどいないと思う。

ちょっと前、アメリカ政府の監視システムを告発した中央情報局（CIA）の元局員、エドワード・スノーデンが話題となったことがあった。スノーデンの内部告発はそんじょそこらの企業の内部告発などとは比べ物にならないほどの重大な告発である。

彼はちっぽけな損得勘定などを抜きに、人間として悩み、勇気を持って行動を起こした。彼は国家という巨大システムの〝歯車〟から、ひとりの〝人間〟に戻ったのだ。〝人間〟を取り戻した分、彼は私たちには想像もつかないほど多くのものをきっと失ったに違いない。

でも、私は彼の取った行動は人間として、ひとりの男として理解できる。

もし損得勘定で悩んでいるような人がいるとしたら、私はそういった人たちに「スノーデンの生き様を見よ」と言いたい。

得をするために、ウソをウソで塗り固めるような人生でいいのかと。人間としてと言うより、男としてあなたの生き様は自分自身で納得できるものなのかどうか。一度自分自身に問うといいだろう。「出世がすべて」の人生なんて私は真っ平御免である。

この部下は内部告発をせず、上司を守るかもしれない。しかし、当の上司は、部下が役に立たないと見たらすぐに切って捨てるようなことをするはずである。

上司が右と言えば右、左と言えば左と、言われるがままに従う。そんな生き方が楽しいわけがない。

「役に立たない人間と思われたくない」ばかりに、上司に媚《こ》びへつらい、楽しくない人生を歩んで精神を磨耗していくくらいなら、最初から「役に立たない人間」「使えない人間」をめざせばいい。

「使える人間になろう」とするから生きているのが苦しくなるのだ。こんな世の中だからこそ、みなさんにはぜひ「使えない人間」をめざして生きてほしい。

売春はいけないことなのか?

Q　売春はいけないことなんでしょうか?
なぜ私たちは売春を〝汚い商売〟に感じてしまうのでしょうか?

A　人間には性欲という〝欲〟がある。俗に言う〝エロ〟というやつだ。
人間に〝エロ〟が無ければ、子どもが生まれないわけだから、それでは人類という種を残していくことはできない。それゆえ、人類にとって〝エロ〟は欠かせないものであり、そこに後から〝愛〟という形が付いてきた。

人類は決して〝愛〟があったから続いてきたわけでなく、〝エロ〟があったからその遺伝子を受け継いでくることができたのだ。

エロは自然欲のようなものだから、食欲や睡眠欲と同様に限度がある。食べるのも、寝るのも、人間はその生活の中で毎日同じことを繰り返している。違いがあるとすればその分量くらいのものだろう。

私は、この自然欲に対しては素直でいたほうがいいと思っている。自然欲には限度があるから、それに素直に従って生きればいい。食べたいものを食べて、眠たいときに寝る。それでいいと思う。

ただ〝エロ〟に関してだけは相手のいることなので、「やりたいときにやる」というわけにはいかない。

そこで今回の質問のテーマである〝売春〟のような商売が必要になってくる。売春は人類最古の職業などと言われることもあるが、本能に則った需要と供給の関係が成り立っているので、生物としてはあながち間違ってはいないのではないだろうか。

人類最古の職業であるかもしれないとはいえ、売春という行為をとがめる気持ち、あるいは売春という職業への嫌悪感を抱いている人も少なくないだろう。

自分の体を金銭に換算する、愛してもいない相手に体を許す、そんなイメージが付いてまわるため、「売春は汚いもの」と思われている。また売春は経済的事情、家庭内の事情などさまざまな理由で弱い立場にある女性が泣く泣く選ばざるをえなかった仕事であるケースも多いので、人権の観点から見てなおさら負のイメージが強いのだ。

体を金銭に換算することが賤《いや》しいという感覚のベースには、体は神や自然が与えた神聖なるものであり、さらにはその体を使ったセックスは本来子孫を繁栄させるためのものだという考えがあると思う。そんな体を売って汚い金を手に入れるなんてとんでもない、というわけである。

でも、会社勤めの会社員のみなさんは、自分がどうやって金を得ているか考えたことがあるだろうか?

会社にお勤めのみなさんも、体を売って金を得てはいないだろうか? 朝から晩まで会社にこき使われ、自身の肉体を酷使して、会社に尽くしてはいないか? それだって「体を売って金を手に入れる」ことではないのか? 売春だって会社員と同じように、需要と供給のバランスの上で成り立つ正当な取引であり、仕事であると言えないだろうか?

戦後すぐの時代、食べるものが何もない時代に「パンパンガール」と呼ばれる売春婦が街角に立ち、米兵相手に体を売っていた。

彼女たちが街頭に立ったのは、生きるためだった。両親に、あるいは兄弟、子どもたちにご飯を食べさせるために自分の体を売った。生きるために売春を選択せざるをえなかった時代があったのである。

いくら豊かになったとはいえ、格差の広がる今の時代、もしかしたら「生きるため」に売春をせざるをえない人がいるかもしれない。そういった人たちを十把一絡《じっぱひとから》げにして「汚い商売をしやがって」と責めることはまったくできないと思う。ましてや、今では風俗店が従業員の住居や育児のセーフティネットになっているケースすらあるわけで、こうした事実もちゃんと見ないといけないだろう。

もし肉親が援助交際をしていたらどうするか?

Q　仮の話ですが、桜井さんの肉親（お子さん、あるいはお孫さんなど）で、援助交際みたいなことをやっている子がいたとして、それを見つけたら、桜井さんはその子に何を言いますか?

A 正直、そんなことは想像もしたくないが、もし仮にそんなことがあったら……。私は多分、援助交際をしている相手の男をしめると思う。

しめるとは、ボコボコにするということである。「お前、何をやってるんだ。援助交際なんかしやがって」と本人に言ったところでそれほど心には響かない。

それよりも相手の男を死なない程度に痛めつけて、私がどのくらい怒っているのか、それを肉親に理解させる。

中学・高校生くらいのやんちゃな世代が、無知で「悪さ」をしているのであれば、それはただの「ワル」で終わるが、ある程度の社会的立場にあるいい大人が、たとえば中学・高校生を相手に「援助交際」などをしていたら、それは「ワル」などというかわいいものではすまない。

無知な「ワル」には「そういうことはやらないほうがいいよ」と言えばすむが、悪いことだと知っていて悪いことをするやつは本当に悪いから、言葉で言ってもその場ではわかった振りをしてまた同じことを繰り返す。そういう悪いやつを私は許すことができない。

恐い妻に浮気がばれたらどうすればいいか?

Q　妻に浮気がばれた男性がいます。
子どももまだ幼いため、男性は何とかやり直せればと思っているのですが、その妻は潔癖な性格で浮気などは絶対に許すタイプではなく、「離婚する」の一点張りです。

その男性が家庭を壊さず、妻とうまくやっていくにはどうしたらよいのでしょうか?

A　最近、有名人の不倫が判明すると、その有名人たちは世間からとても激しいバッシングを受けるが、そんな様子を見ていて「ちょっと行き過ぎじゃないか」と感じることがたびたびある。所詮、人様の恋愛沙汰に道徳的な干渉をするなど余計なお世話である。
ところで、性欲は食欲、睡眠欲と並び、人間の三大欲のひとつと言われている。人間は生きるために食事をするが、いくらおいしい料理でも毎日食べていたらどうしたって飽きてくる。

それと同じで、本能からくる性欲を満たすために、たまには違う異性と関係を持ってみたいと思うのは自然に出てきてしまう感覚であり、それを実行に移す、移さないは別として、浮気をしたくなるのは人としてしょうがないことだと思う。

たしかに、生物の専門家などによれば、男は自分の遺伝子をできるだけ多く残すために浮気をしてあちらこちらに種を播《ま》き、女は浮気をされると下手をすれば自分と子どもが生きていけなくなるリスクがあるので男の浮気を認めないという本能的な傾向があるそうだ。

まず最初に言っておくが、かくいう私も妻に浮気がばれたことが一度だけある。

そのときは一切弁解せず、正直に浮気の事実を認め、謝罪した。妻は悲しんだが、私は事実を認めた以外、一切話さなかった。そしてその後も妻とは別れることなく、今は孫にも囲まれて楽しく過ごしている。

浮気を肯定するわけではないが、性欲という自然欲を抑えると人間の精神はいろんなところで問題を起こすようになる。

世の中には浮気をする人もいれば、しない人もいる。結婚する人もいれば、しない人もいるし、一生童貞、あるいは処女のままの人だってたくさんいる。それはそれぞれが「性のひとつの形」なのだ。

別に無理に浮気をしなくてもいい。ただ、人間には「魔が差す」ということが往々にしてあるし、「よき夫」「よき妻」を無理に演じ続け、我慢に我慢を重ねた結果、それが悪い形で（DVなどで）出てしまうくらいだったら浮気のひとつやふたつ、人間ならしてもしょうがないと思う。

そもそも、私は〝愛〟というもの自体を「うさんくさいもの」だと思っている。簡単に言ってしまえば、愛とは有形、無形の見返りを求める「所有欲」を言い換えたものだからだ。もちろん、中にはごく稀《まれ》に見返りを求めない無償の愛といったものも存在することは事実だが。

それにしても大方の愛の正体が所有欲であるなら、「永遠の愛」なんぞあるわけがないし、神様の前で〝愛〟を誓ったりするのが間違いだと思う。

結婚式では「健やかなるときも病めるときも、富めるときも貧しいときもこれを愛し〜」などとお互いに誓い合っているが、結局はそんな約束を破ってばかりいてお互いに「約束を破りやがって」という感覚を持つからいろんな問題が起こってくる。

貧しければ旦那は奥さんから「もっと働け」と尻を叩かれる。奥さんの体調が悪いとき、炊事洗濯、子どもの世話までちゃんとしている旦那がこの世に果たして何人いるのか？男も女も、約束を破ってばかりではないか。

私は〝愛〟という言葉は、宗教が生み出した「売り言葉」であり、看板のようなものだと思っている。

結婚とは、お互いを「愛」の交換によって「自分のもの」とする契約である。だから、伴侶が浮気をすれば「自分のものなのに」と悔しくなるし、腹も立つ。

お互いに伴侶を思いやることはとても大切だが、それを「永遠の愛」だとか「自分のもの」などとしてしまうから後々面倒なことになるのだ。

子どものいる夫婦の場合、浮気や不倫によって離婚ということになると、それは夫婦だけの問題ではなくなる。子どもがいない夫婦ならば、離婚という結論に達してもそれはふたりだけの問題なので構わない。

でも子どもがいて離婚となると、その子どもは父親、あるいは母親を取り上げられることになってしまう。

子どもは弱い存在である。大人は弱い者を守ってやる義務があるから、子どもを守ってやらなければならないし、寂しい思い、悲しい思いをできる限りさせないようにしてやらなければならない。

亭主と妻、どちらが浮気をしたにせよ、その程度のことで「離婚」という結論に達するのはあまりにも了見が狭い。

有名人の不倫を一斉にバッシングし、それをネットが増幅する今の時代の風潮を見ていると、多くの人があまりにも〝道徳的な潔癖症〟になってしまっているように感じる。

人間ならばちょっとした間違いやミスを犯して当然だ。だが、今の人たちは自分のことを棚に上げ、そういった「人のミス」を徹底的に叩く。

命が懸かった問題は別にして、それ以外の間違いやミスは「許す」という感覚をもう少し持つようにしてみてはどうだろうか。潔癖症の人は泥がかかっただけでとても怒るのだろうが、そこに「許す」という感覚をちょっと入れるだけで、自分自身もとても楽になることに気づいてほしい。

今の社会はあまりにもギスギスして窮屈で、生き辛い。多くの人が「許す」という感覚を持てば「もっと過ごしやすい世の中になるのに」と思わずにいられない。

やっていないのに痴漢扱いされたら逃げるべきか、否か?

Q　最近、電車の中で「痴漢をした」と疑われた男が、線路などを使って現場から逃げ出す事件が多発しています。

こういった事件の背景には、痴漢をしてもいないのに捕まり、そのまま有罪とされてしまう「痴漢による冤罪」が近年とても多いということが挙げられるようです。

メディアでもたびたび「当事者となったとき、逃げるべきか、否か」が取り上げられています。

もし、桜井さんがしてもいないのに痴漢扱いされたら、どうしますか？　無実を訴えますか？　逃げますか？

A　やってもいないのに、女性から「痴漢したでしょ」「触ったでしょ」と言われて捕まり、警察に連行されてしまうといくら反論しても、これをひっくり返すのはなかなか難しいと聞く。

だから痴漢扱いされた男性がホームから線路を経由して、走って逃げ出すようなケースが近年多発しているのだろう（確かに中には本当に痴漢をしていて、逃げ出した輩《やから》もいるだろうが）。

そもそも、人間には〝性欲〟というものがあるから、その欲が〝痴漢〟のような間違った形で出てしまうことは決して珍しいことではない。

「私はノーマルです」と言ったって、この世にまったくの「ノーマル人間」などいやしない。誰でも多かれ少なかれ、アブノーマルな部分、変態的な部分は持っている。「私はノーマルです」と言い張る人は、そんな自分のアブノーマルさに気づいていないだけだ。

この管理社会の中で抑圧された生活を送っていると、どうしたってストレスがたまっていく。そのストレスをいろんな方法でうまく発散できる人ならいいが、日ごろの鬱憤や不満を発散できずにため込んでしまうと、そのストレスが〝痴漢〟のような間違った形で発散されてしまうのかもしれない。

また、ここ二、三十年の間、「女性の働きやすい社会」を実現するために、男女雇用機会均等法などの法律が整備されたり、会社ではセクハラ撲滅の対策が進んだりしている。日本は男尊女卑の文化が少なからずあるため、「女性の働きやすい社会」をめざすのはとてもいいことだが、それも行き過ぎると今度は男と女の立場が逆転して、女尊男卑の社会になりかねない。

痴漢の冤罪事件が増えているのも、社会の〝女尊男卑〟化が進んでいることのひとつの表れのような気がする。

もし私が、してもいないのに痴漢扱いされたら、そのときは「やってない」と言う他ないと思う。やっていないのだから、「やってない」としか言えない。それでも取り調べが続くようなら「わかりました。私のことを調べるのはけっこう。でも相手の女性のこともちゃんと調べてください」と言うだろう。

相手の女性の性格、どんな社会的環境で生きているのか、ふだんの言動は、周囲からの評価は？　もし、相手の女性がウソをついているのだとしたら、そういったことを徹底して調べてもらえば何かしら問題点が出てくるはずだ。

してもいない男性を勘違いから痴漢扱いする女性は、もしかすると過去の何らかの経験からくる男性に対する被害者意識のようなものをあらかじめ持っている可能性がある。

いずれにせよ、これからも社会の中での女性の力はどんどん強くなっていくだろうから、男は怖くて電車に乗れず、〝男性専用車両〟などが登場する時代がやって来るかもしれない。

今、われわれ男たちができる最善の防衛手段。それは、両手でつり革などにつかまって「両手を上げた状態」にしておくことくらいである。

DVを繰り返すダメ夫を更生させる手立てはあるのか？

Q　建築関係の仕事をしている四〇代の男性はアルコール依存症気味で、毎晩のように飲んではその妻に暴言を浴びせたり、暴力を振るったりします。

時には傍《そば》にいる子どもにまで八つ当たりしたりもします。

男性の仕事は不定期でしかも入ったお金は好きなギャンブルに分別なく注ぎ込んだりするので、家計はかなり厳しい状況です。

仕方なく、妻が朝から晩まで三つのパートをかけもちして何とかやりくりしている有様。保育園と小学校に行っている三人の子どもを抱えながらの生活はとてもきついものがあります。

妻は夫の言動に我慢の限界を超え、別れたいという気持ちが大きいですが、子どもはそれなりに父親になついているところもあり、どうしていいものか悩んでいます。

別れたらそれはそれで大変な道が待っているわけで、一方で妻は夫を更生させてうまくやっていくことができないかという一縷《いちる》の望みを抱いてもいます。

こんな男性を家庭の主として立派に更生させることはできるのでしょうか?

A　人はそれぞれいいところ、悪いところを誰もが持っている。私はそれを〝クセ〟としてとらえている。

いいところも悪いところも、クセだからすぐに現れる。しかも「悪いところ」のクセのほうが目立ってしまうため、周囲の人からも気づかれやすい。

クセというものは、なかなか直らない。それが四〇歳、五〇歳と年齢を重ねた人ならなおさらのこと。だから、今回のケースのようなダメ夫のダメな部分を直すのは、困難であると言わざるをえない。

私は麻雀の世界と長らくかかわってきたが、この業界には、こういったダメ男たちがいやと言うほどたくさんいて、そんな連中を私はよく知っている。

だからこのような人種のことは、一般の方々よりだいぶ理解しているつもりである。その上であえて言わせてもらうと、こんなダメ男の更生を期待しても残念ながらまったくの無駄である。

妻や子に暴力を振るう夫は、その夫の幼少時の親子関係が原因となっている場合が多い。もしかしたらその夫は子どものころ、親からかなり厳しくしつけられたり、暴力を受けて育ったりした可能性がある。厳しすぎる親の下で育つと自我が抑圧されて、人間性がいびつになるのだ。ＤＶの原因はそれだけ過去にまで遡る根の深いものだから、そう簡単には修正はきかない。

酒やギャンブルへの依存も、夫の精神が抱える深い闇がそうさせているわけで、これは妻が努力して埋められるというレベルのものではない。おそらく、カウンセリングの専門家が何年もかけて治療するようなものだろう。

子どもが多少なついていると言っても、暴力ばかりの殺伐とした家庭環境で育つほうが子どもにとっては明らかにマイナスであるはずだ。

別れると経済的にはもっときつくなるだろうし、三人の子どもの面倒をひとりで見なくてはいけないだろうから、確かに大変だ。しかし、ＤＶ夫から解放されれば今の精神的負担はかなり軽減されるわけだから、そのほうが妻と子どもにとっては明らかに精神的にプラスではないだろうか。

女性や子どもに暴言を吐いたり、暴力を振るったりという時点でこの夫は一〇〇パーセント悪い。ただ、DV男を恋人にしたり、伴侶にしたりする女性というのは、こういう男性を無意識に選んでしまう傾向もあるようだ。つまり、女性のほうにも精神的な問題がどこかにあるということである。

また、妻（女性）の側にも相手がDVをするきっかけとなるような、きつい言動を知らず知らずのうちにどこかでとっている可能性もある。

もし、女性の読者の中で、昔からDV傾向のある男と縁のある人がいたら、今後のためにも「なぜ自分はそのような男を選んでしまうのか」を考え、それとともに自分の内面の問題も見つめ直すといいと思う。

もっとも、こうした女性側の問題を差し引いても、このケースでは一〇〇パーセント、夫に非がある。

なのにこの夫は何のケジメも、責任も取っていない。何かあった場合、そのケジメ、責任をしっかり取るのが〝男〟の生き様である。そういった観点から考えても、このようなDV男は〝男〟とは呼べない。

「弱い犬ほどよく吠《ほ》える」と言うが、男も弱いやつほどよく吠える。弱いから、自分より弱い存在に八つ当たりしてしまうのだ。

本書をお読みのみなさんも、こういったDV男を他人事としてとらえず、「自分も何かに八つ当たりをしてはいないか」と問うてみることが大切だ。

自分の子どもを叱り付けるにしても、本当に教育のために叱っているのか、それとも夫婦間や仕事でいやなことがあり、その八つ当たりで叱っているのか。

そういったことをひとつひとつ、自分で確認していくといい。ダメな人間から学べることはたくさんあるのだ。

結婚候補がふたりいて迷っているときの判断は?

Q　ふたりの女性と同時に付き合い、その両方から結婚を迫られて困っている男がいます。一方は良妻賢母型であげまんになりそうなタイプ。もう一方は一緒にいるととても楽しいのですが家庭的なタイプではなく、結婚したら苦労しそうです。

その男性はどちらを選べばいいのでしょうか？

A　私の妻は悪女型だとまでは言わないが、「この子と結婚したらかなり苦労するだろうな」というタイプの女性だった。

私は子どものころから「楽な道と険しい道のふたつがあったら、険しい道を選ぶ。なぜなら、そのほうが楽しいし、自分を成長させてくれるから」と思って生きてきた。だから妻を結婚相手に選んだのも、私にとっては当然の流れだった。

その妻との結婚式では私は泣いた。感動したからではない。「果たしてやっていけるのか？　俺の根性なら一年は持つかな……？」と前途に待ち受ける辛さを思って思わず涙したのだ。

だが、世間一般の男性からしてみれば、良妻賢母型と悪女型、ふたりの女性がいたとして、結婚相手とするならほとんどの人が良妻賢母型を選ぶはずである。

確かに、自分に、あるいは家庭に尽くしてくれる女性は〝妻〟というポジションに最適の存在だ。

私がもし、家庭に尽くしてくれる良妻賢母タイプの女性と結婚していたら、家庭生活や子どもとの触れ合いに手を抜き、ダメな亭主、弱い男になってしまっていたかもしれない。

妻が悪女タイプなら、「俺がしっかりしないと」と思える。自分がしっかりしなければ家庭は滅茶苦茶。それでは子どももかわいそうだ。

子どもに恵まれ、今では孫にも恵まれ楽しく過ごしている私だが、もし、結婚生活で子どもに恵まれず妻とふたりきりのままだったら、途中で「もういいだろう」とサジを投げていた可能性もある。

家庭というのは外で仕事してきた男が戻る港のような場所でもある。だが、妻は港に入る船を邪魔する海賊のような存在なのだ。それでも私が今まで亭主を、そして父を続けてこられたのは、子どもたちがいてくれたから。今では子どもたちが「お母さんの唯一の正しかった選択は、結婚相手にお父さんを選んだこと」と言っている。
私にとっては、その言葉だけで十分である。

第三章　極限の状況における究極の選択

死ねない命と三週間の命、どちらを選ぶ？

Ｑ「不死妄想」（コタール症候群）という統合失調症、気分障害の症状があります。「自分は死なないんじゃないか？」。そんな妄想に取り付かれてしまうと、相当苦しいそうです。

桜井さんはもし、「一生死ねない命」と「三週間で死ぬ命」、どちらかを選ぶとすれば、どちらを選びますか？

Ａ「不死妄想」は統合失調症の一症状らしいが、〝個〟の世界の妄想、幻想の世界が大きくなり過ぎるとこういった症状がいろいろと現れるのだろう。

〝死〟の恐怖に取り付かれて精神を壊す人もいれば、この質問にあるように〝死なない〟ことによって苦しんでいる人もいる。今の社会で重要視される〝知〟や〝情報〟といったものの量が増えれば増えるほど、このような人々を苦しめる〝種〟が増えているような気がしてならない。

質問者の選択に挙がっている二種から私が選ぶとすれば、ずっと生き続ける「一生死なない命」より、始まりがあって終わりがあるという、自然の摂理に則った「三週間で死ぬ命」を選択するだろう。

不老不死は自然の流れから外れる発想だから私にはとても受け入れられない。私の目の前に「不死妄想」の人が現れ悩みを打ち明けてきたら、そのときは死ぬほどボコボコにしてやるかもしれない。

仮に、「二〇〇代の肉体のままでずっと生きられるようにしてやる」と言われても、私はその申し出を断る。

自分は変わらないのに、周りだけはどんどんと変わっていく。寿命によって親しい人たちが次々と亡くなっていっても、自分は若いまま。新しい出会いはいろいろとあるだろうが、仲よくなった人たちの〝死〟を見送るだけの人生はやはりちょっと受け入れられない。

もし「三週間で死ぬ命」とされたら、私は南の島へ飛んで、死ぬまで海で遊ぶだろう。どうせ死ぬなら、私が大好きな海で楽しく遊んでいるうちに死にたい。

「明日死ぬのか？　それとも明後日か？」。時間を気にしていたら不安ばかりが増大していくが、うんと楽しいことをしていれば、日にちの過ぎていくことも忘れられる。不安を楽しみで埋めてしまえば、気持ちよく死んでいける。

人の一生は長く生きることよりも「どう生きたか？」のほうが重要だと思うし、私自身、常に〝今〟を大切にして生きてきた。だから、七〇歳を過ぎて、「もう十分だな」と感じているし、自分が一〇〇歳になった姿などはまったく想像できない。

そもそも、「長生きしたい」とか「どう老後を生きるか」といったことばかり考えず、今を大切に、今を楽しく生きていれば、変な妄想も幻想も出てきやしない。

もっとも、この社会で今を大切に楽しく生きていくことはなかなか難しい。それは、絶えず将来の目標を掲げることを迫られるような環境にあるからだ。仕事では常に目標が立てられるし、生活では将来予想される出来事や変化に備えていろいろな目標を持たざるをえない。そんな空気に拍車をかけているのがネットやメディアから発信されるおびただしい情報だ。

このように現代人は非常に頭でっかちな生き方をしているが、頭というのは基本的に過去を振り返ったり、未来を想ったりする機能を持っている。だから、今を楽しむという生き方に変えていきたいのなら、頭を休めて感覚を動かす時間をできるだけ持つようにすることだと思う。

頭には時計が入っているが、感覚の世界に時計はない。そんな感覚を立ち上げ、どれだけ「生」を味わい、楽しめるか、そこに未来や過去の呪縛から離れるヒントがあるのではないだろうか。

寝たきりの状態にあって死にたいと考えている人はどうすればいいか?

Q　病気で寝たきりという人がいます。肉体的にも精神的にも苦痛がひどく、回復の見込みはありません。

この人はこれ以上生きていたくないと自分では思っていますが、日本には安楽死の制度が無いため、苦痛とともに生き続けるしかありません。

今後、この人はどうやって生きていけばいいのでしょうか？

Ａ　日本では植物状態にある患者の生命維持装置などを外し、自然に死を待つ〝尊厳死〟は認められているが、薬などを用いて死に至らせる〝安楽死〟は認められていない。

ヨーロッパなどでは安楽死が認められている国があるため、末期ガンやあるいはその他の重い病にかかっている人がそういった国を訪れ、安楽死の幇助《ほうじょ》を受けるケースも近年増えているそうだ。

私は、たとえば寝たきりのような状態になったとして、周囲の人たちに迷惑をかけるくらいなら、いつまでも生かされていたくない。体を使って遊ぶことが何より好きな私がこのような状況になったとしたら、正直、言葉では言い表せないくらいの心境になるだろう。「迷惑をかけている」ということすらわからない状態になってしまったら、それこそ何も判断できなくなってしまうから、「その前に殺してくれよ」と思う。

だから質問者の言うようなケースに自分がもしなったとしたら、私は安楽死の幇助を受けるために、安楽死が認められている国に行くかもしれない。

ある程度の年齢に達した人が、末期の病気などで苦しんでいる場合、私は自ら死を選ぶ選択肢があってもいいように思う。

だが、このとき安楽死という選択が認められないなら、私はどういう生き方をするだろうか。

脳がしっかりしているのであれば、私は目や口など、動かせるところを最大限に生かして意思伝達法を探し、その中からおもしろさや楽しみを探していくと思う。生をつないでいくことは変化していくことであり、変化できることは小さなことでも可能性を生み出し、喜びに結び付く。だから、そのような状態になっても、その変化をわずかでも実感できることを可能な限り見つけていくだろう。

寝たきり状態までいかないにしても、齢《よわい》を重ね、老いていくと体のいろんなところが動かなくなってくるし、思ったような動きも取れなくなっていく。今の私はまさにそのような状態にあるが、だからといってそのことを嘆いたり、悲しんだりはしない。「あ、こんなふうに体は衰えていくのか」と感じつつ、「では、その中で何ができるか」を考える。

若いときにはいろいろできる楽しさがあるが、年を取ったら取ったなりの楽しみ方というものはある。

ただ、私は同年齢の人と遊んでもつまらないから、若い雀鬼会の道場生たちといつも体を使って遊んでいる。

頭を使って生きてきた道場生たちは、本当の体の動かし方を知らないから、七〇歳を過ぎた私と相撲をしても勝てない。海で素潜りをしても、私より上手に潜ったり、魚を捕まえたりする者もいない。

体のあちこちが故障し、思うように動かせなくなっているが、それでもまだいろいろな可能性が残っている。そんな可能性がまだあることに感謝しながら、一方で「こんなことができなくなっている!」というのが増えていくのをどこかおもしろがっている自分もいる。そんなことを日々感じながら、気がついたら「死」の中にいるというのが、今の私が想う理想の死に方である。

聴覚と視覚、いずれかを失うとしたらどちらを選ぶか?

Q　人間には、視覚、聴覚、触覚、味覚、嗅覚という五つの感覚が備わっています。いわゆる〝五感〟と呼ばれるものですが、なかでも視覚と聴覚は命を守る上でも大切な感覚だと思いますが、どちらか一方を失うことになるとしたら桜井さんは生きるためにどちらを選びますか？

A　視覚と聴覚は五感の中でも確かに重要な感覚であることは疑いようが無い。

雀鬼会には体も精神も、ひどく硬い道場生がひとりいる。その道場生はそのような状態になってかれこれ四、五年経《た》つが、いくらやわらかい動きを教えてもすぐに硬くなり、反応も悪くなってしまう。

「牌を指先で感じるようにしろ」と言っても、肘は上がってしまうし、硬く、無駄な動きばかり。

ものを見るときよく「目を凝らす」と言ったりするが、自分の牌、他人の牌を見ようと「目を凝らす」から動きが硬くなる。「凝らす」ことで動きが固定されてしまうわけだから、動きが硬くなって当然である。

だから私はその道場生に「目で追う」ことをやめさせるために、「目は使うな。耳だけ使え」と教えるようにした。

耳で自分の牌の音、相手の牌の音を聞いていく。その助言をしてから、道場生の無駄な動き、硬い動きがだいぶ少なくなっていった。


私は道場で原稿を書いているときも、耳では道場生たちの打つ「牌の音」を聞いている。それぞれの発する牌の音を聞いているだけで、その卓ではどのようなことが起こっているのかがだいたいわかるし、「今日はあの道場生は調子がいいな」「会社で何かいやなことでもあったのかな」といった道場生の内面も見えてくる。

何もこれは私だけに備わった特別な力ではない。みなさんはあまりにも〝視覚〟からの情報に頼りすぎ、「〝聴覚〟で見る」という力を閉じてしまっているだけなのだ。

聴覚は視覚に比べ、意識の深い部分、すなわちより本能に近いところにつながっていると思う。だから、視覚に頼るより、聴覚を鋭くしたほうが、生の世界を純粋につかむことができる。そう感じているので、私は視覚と聴覚、どちらかの感覚を残すというのならば〝聴覚〟を選ぶ。

人の肉を食さないと生きていけない極限状況に置かれたら？

Q　一九七二年一〇月、ウルグアイからチリに向かった旅客機が遭難し、雪山で生き残った乗客たちが、他の乗客の死体を食料にして生還したという事故（ウルグアイ空軍機571便遭難事故）があります。

四〇人の乗客と五人の乗員のうち、助かったのは二八人。生き残った人たちは動物もろくにいない高山で、飢えや怪我から次々と命を落としていったといいます。

そんな中、残された人たちは搭乗者の死体を食料にすることを選択し、結果として事故から二カ月以上経った一二月下旬に一六人が無事、生還を果たしました。

戦時中も飢餓状態に置かれた人たちが人肉を食べたという話は枚挙に暇《いとま》がありません。

生き残るために仲間の死体を食べるということは許されることなのでしょうか。

桜井さんがそのような危機的状況に置かれたとき、死体を食べるという選択をしますか？

Ａ　戦時中、日本の兵隊さんも戦地で飢餓状態となり、仲間だった兵隊の死体を食べて何とか生き延びたという話をいくつか聞いたことがある。

私がそんな危機的状況に置かれたらどうするか？　そう、私だったら仲間の死体は食べないかもしれない。逆に「俺が死んだら俺の肉を食えよ」と仲間に言うだろう。

大勢の仲間が死に、私ひとりが最後に生き残ったとしても私は仲間の肉を食べないほうを取りそうだ。逆に、「あとどのくらいの期間食べなかったら、餓死できるんだろう？」とぎりぎりのところまで自分を試すと思う。

だが、勘違いしてほしくないのは、私は「仲間の肉は食べたくない」と言っているだけで、実際にそのような状況になってみるとどう行動するかわからないところはあるし、戦地で生き延びた人や、質問にある飛行機事故で無事生還した人たちを非難しているわけでも決してない。

戦地で飢え死にしそうな兵隊にしろ、高山で遭難事故に遭った人たちにしろ、極限の状態に置かれた中での行動である。最初から「仲間を食べて生き延びよう」などとは誰も思っていなかったはずだ。

エベレスト登頂に挑戦した登山家たちの多くは、頂上に向け何度もアタックを続ける中で心身がその限界を超え、さまざまな幻想を見ることがあるという。

極限の状態に長く置かれると人間の精神は錯乱し、通常の感覚が保てなくなる。

一瞬たりとも気の抜けない、常に死と隣り合わせの戦地で戦う兵士たちにしても、その期間が長くなればなるほど、精神を狂わせていく。殺すか、殺されるか。そんな環境で毎日敵を殺し続けていたら、「殺す」という感覚が麻痺《まひ》して当然である。

アメリカではイラクやアフガニスタンなどの戦地から帰還した兵士たちが精神を病み、重度のＰＴＳＤ（心的外傷後ストレス障害）と診断され、自殺者が後を絶たないことが大きな社会問題となっている。

死ぬのがいやなら相手を殺すしかない。私たちの暮らすふつうの社会とはまったく別の、そんな狂気の世界で生きるか、死ぬかの毎日を繰り返していたら、通常とは違う思考、異なる行動が生まれてくる。

だが、狂気の世界に慣れてしまった兵士たちは、本国に帰還し、通常の生活に戻ってもその思考と行動がなかなか抜けずに悩み苦しむことになってしまう。

戦争とは無縁の、今の日本人は「平和ボケ」しているとよく言われる。平和ボケは批判的なトーンで使われる言葉だが、平和でボケること自体は悪いことでは無い。

ただ、平和の均衡というのは、ちょっとしたことで脆く崩れるものだから、戦争でもテロでもそれを防ぐためにはどうすればいいのかという思考や、現実にそれが起こって「極限状態に自分が置かれたらどうするか?」という想像は必要だろう。

その意味では、中東やアフリカの戦禍を伝えるニュースを見ても単なる他人事だから関係無いと思っていてはダメだと思う。災害にしてもテロにしてもそれは常に想定外のこととして突然やって来るものだ。

平和な日常はほんの一瞬でいくらでも、非日常的な極限状況になり変わってしまう。すなわち、平穏な日常は極限状況と見えないところで常に隣り合っている。そんな想像力をふだんから持っておきたいものである。

ひとりを見殺しにして五人を助けるか?

Q 「トロッコ問題」という倫理学の思考テストがあります(イラスト参照)。

線路を走っている電車が制御不能となり、そのまま真っ直《ますぐ》ぐ行けば線路で作業している五人は間違いなく轢き殺されてしまいます。

しかし偶然、ポイント(分岐器)のところにあなたがいました。ポイントを切り替えるレバーを引けば五人は助かりますが、もう一方の線路でもひとりが作業しており、そちらに電車がいけばこの一名が轢き殺されることになります。

あなたは五人を助けるか、否か?

そのような問題なのですが、桜井さんがもしこのような状況に置

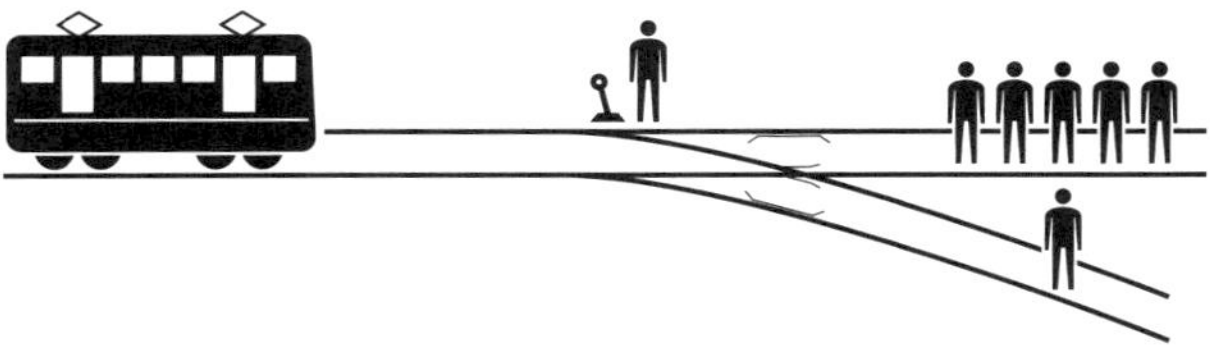

かれたらどうしますか?

A　私がもしその場にいたら、まずはどうにかしてその電車を止められないかを考える。だが、電車は迫ってきているわけだから瞬間的な判断が必要となる。

瞬時に状況を確認し、電車を止めることが無理だと判断すれば、次は五人とひとりのそれぞれの年齢を見る。もし五人のほうは老人ばかり、ひとりのほうは若者だとしたら、私は若者を助ける。その五人の老人がもし権力者ばかりだったら、なおさら躊躇《ちゅうちょ》なく若者を助けるだろう。

五人もひとりも年齢的に大差が無いとすれば、最後は人数で判断するしかない。ここまでを瞬間的に判断して私はポイントを切り替えるだろう。この質問を向けられた人はほとんど、躊躇しながらもやはり五人を助けるほうを選ぶという。

ところが、質問の設定状況を以下のように変えると、五人とひとりのどちらを助けるかの答えはかなり変わるという。それは五人を助けるためにレバーを引くのではなく、「あなたの隣に立っている人を線路に突き落とせば、電車が止まるので五人が助かる」という状況である。犠牲になる人数だけを合理的に判断すれば、突き落とすほうがいいわけだが、自分の手でひとりの人間の命を奪ったという強い実感はより大きな罪悪感を伴うということなのだろう。

この問いは、武器の発達が人を殺す際の罪悪感をいかに減らしているかということを想起させる。人類の争いの歴史において長い間、人はこん棒や刀などの武器を使って人を殺してきたが、近代に入ってからは科学技術の急速な進歩によって武器はそれを使う人の体をほとんど動かさずして殺傷できるものとなった。

木の棒を使って相手を殴り殺すのと、指一本使って敵に向けてミサイルを発射させるのとでは、罪悪感が違ってくる。その差が大量殺りくに対する心理的ハードルを下げていることは間違いない。

同じ数だけ人を殺すのにも使う武器によって罪悪感の濃淡が変わるというのは極めて不合理なことだが、その不合理な罪の意識がある部分で科学文明を発展させたことは否めない事実である。

ところで、この質問に似たもので、「大型客船が沈没しそう。救助ボートには残りひとりしか乗れないが、あなたともうひとり、乗れない人がいる。あなたはどうするか？」というようなものがある。

この場合、私は相手の年齢性別にかかわらず、「どうぞお乗りください」と言うかもしれない。私が若かったら「俺はボートに乗らなくても生き残ってやる」と思うだろうし、齢を重ねた今、そのような状況になったら「病院ではなく、大好きな海で死ぬことができる」「自然から生まれ、自然に帰っていくことができる」と感謝の心すら湧いてくると思う。

このようなケースとは違って、危機に瀕《ひん》している人を助ければ相手も自分も確実に死ぬという状況がある。超高層ビルの高層階にいて火災にあったときは、非常階段を使って逃げるしかない。

そのとき、目の前に足に怪我をして身動きできない人がいたら、あなたならどうするか？　災害対策の専門家によれば、正解は助けたくとも助けないで逃げることだそうだ。なぜなら歩けない人を背負って何百段とある階段を降りようとすれば、あまりにも時間がかかってしまい、炎と煙に巻き込まれてしまう。結果的にはふたりとも確実に死んでしまう。

若いときの私なら、そんな状況のとき、心を鬼にしてひとりで階段を駆け降りたかもしれない。でも、老いた今の私なら、身動きができなくなった人と覚悟を決めて炎と煙が迫ってくるのを待つだろう。間違いなくそうすると思う。

独裁者を消せるミサイルの発射ボタンが目の前にあったらどうするか?

Q　目の前に、ミサイルの発射ボタンがあります。

そのボタンを押すと、ミサイルが発射され、ある独裁国家の最高権力者を殺すことができます。

しかし、ミサイルが現地で爆発すれば、その独裁者の他にも、その周辺に住む何の罪もない多くの一般市民も命を落とすことになるでしょう。

でも、独裁者をこのまま野放しにしていれば、さらに何十万人もの一般市民が虐殺されることが予想されます。
ミサイルを撃つチャンスは今しかありません。
桜井さんがもし、ミサイルを発射する権限を持っていたとしたら、どうしますか？

A　この質問に似たようなことを以前、アメリカはイラクに対して行い、独裁者とされていたフセイン大統領を拘束し、その後フセインは死刑に処された。その後のイラクの惨状はニュースで報道されている通りである。また、その際追放されたフセイン政権を支えていたバース党の幹部連中がイスラム国（ＩＳ）をつくり、それをアメリカを中心とした有志連合が叩いた結果、世界中にテロの恐怖を撒《ま》き散らしている。極悪非道な独裁者が消えたのはいいが、いなくなることによって、さらに悪い結果がもたらされているのである。
だから、質問にあるようにただ悪い独裁者を殺せば問題は解決するというものではない。そう考えるので、私は独裁者を狙い打つミサイルの発射ボタンを目の前にしても、きっと押すことはない。

また、独裁者の虐政を正すためとはいえ、一般の市民を巻き込むようなことはしたくないし、その後の展開の不透明さを考慮すれば安易にボタンにかけた指を動かすことはできない。何しろ、イラクのような混沌《こんとん》とした情勢になればもっとその国民を苦しめることになりかねないのだ。

仮に独裁者だけを取り除けば問題が解決するとすれば、どうだろうか？

その場合も、やはり一般市民を巻き添えにはしたくないから、ミサイルの発射ボタンは押さないだろう。ミサイルなどは使わず、どうにか単独で相手を始末できるような手段を考え、綿密な計画を練るだろう。

どんなに緻密で周到な警護体制を取ったとしても、人間のつくったものだから必ずどこかに隙がある。もし暗殺できなければさまざまなリスクが考えられるが、私がもしミサイルを発射するか、単独の暗殺か、どちらかを選ばなければならない立場にあり、その二択の中で選択を迫られたら、後者に賭けると思う。

独裁者は傍《はた》から見ると傍若無人な振る舞いで強そうに見えるものだが、実はいつも怯《おび》えて過ごしている。

北朝鮮の独裁者も映像では偉そうにふんぞり返っているが、その本当の姿は「いつ、誰に襲われ、トップの座から引きずり下ろされるか」ばかりを気にし、地下深くにつくられた要塞に籠もってビクビクして過ごしているはずだ。

彼は軍の幹部たちがちょっとでもおかしな動きをすれば、すぐに処刑してしまう。その数は先代の金正日《キムジョンイル》の時代とは比べ物にならないほど多いというから、彼がいかに周囲の動きに神経質になっているのかがわかる。

いつの時代も、権力を手中にした独裁者は暗殺や造反を恐れ、周囲の動きにとても敏感になる。そして「こいつを生かしておいたら、後々自分の地位が危うくなる」と思うような人物が出てくれば躊躇なく殺してしまう。

紀元前後から一六世紀ごろまで、中米で栄えたマヤ文明の時代には、人間を生《い》け贄《にえ》にする宗教儀式が盛んに行われており、サッカーに似た球技の勝者が生け贄になっていたという。

通常なら敗者が生け贄となりそうなものだが、この時代、生け贄にされることは何よりの名誉とされており、球技の選手は生け贄になるべく技術と体力を磨いていた。だが、この「勝者を生け贄にする」というやり方こそ、当時の権力者が編み出した狡猾《こうかつ》な戦略と言えよう。

きっと当時の権力者は体力的、精神的に強く、タフな者を恐れていたのだ。だから生け贄になることを〝最大の名誉〟として称え、強靭《きょうじん》な肉体と精神を持つ有能な若者を生け贄として次々と殺していったのだろう。

このマヤ文明の権力者がやっていたことと同じようなことは、現代でも起こっている。イスラム国などのイスラム過激派が世界各地で起こしている自爆テロ。自爆する信者たちは聖戦（ジハード）によって永遠の天国に行けると信じている。だから彼らは死ぬことにまったく躊躇がない。

人々に平穏と安らぎをもたらしてくれるはずの宗教がなぜ争いの中心にあるのか。私はここに宗教の本質を見る思いである。

死ぬ確率が非常に高いスポーツを一億円もらってするか？

Q　最近、ムササビのような特殊なスーツを着てスカイダイビングを楽しむ「ウイングスーツフライング」というスポーツが話題になっています。

手と足の間に布を張った特殊な滑空スーツを着て、高い崖や高層ビル、あるいは飛行機などから飛び降り、鳥のように空を飛ぶというスポーツなのですが、最大時速が二〇〇キロメートルを超えるため、山の斜面や木々に衝突すれば死は免れない極めてリスクの高いスポーツでもあります。その死亡事故率は三〇～五〇パーセントとも言われ、毎年二〇人程度亡くなっているという報告もあります。そんなハイリスクさゆえに飛び降り自殺と変わらないと揶揄《やゆ》されたりしています。

彼らはなぜ、死ぬかもしれない危険にあえて身をさらすのでしょうか？　私なら一億円くれるといっても絶対にやりませんが、桜井さんはやりますか？

Ａ　それはおもしろそうだ。聞いただけでわくわくしてくる。「お金なんかいらないから、やってみたい！」と言いたいところだが、残念ながら七三歳となった今の私の瞬間的な判断力と体力では多分、ウイングスーツを操作することは無理だろう。

質問のように、「なぜ、死ぬかもしれない危険にあえて身をさらすのか？」を理解できない人は多いに違いない。でも、死と隣り合わせだからこそ見えてくる世界というものがある。ギリギリの、極限の状態に置かれると、人間の感覚は研ぎ澄まされ、見えないものが見えてきたりすることがあるのだ。

ウイングスーツフライングに興じる人たちは、決して命を蔑《ないがし》ろにしているわけではないだろう。ふだんの生活では決して味わえない、生と死の狭間《はざま》でだけ実感できる〝生〟を彼らは楽しんでいるのである。

私も子どものころは落ちたら確実に死ぬような高所にぶら下がって遊んだり、高い塀と塀をジャンプして渡ったり、いつ死んでもおかしくないような遊びばかりしていた（骨折は日常茶飯事だった)。

私は、死ぬかもしれない危険にあえて身をさらすのが好きだった。だからこのウイングスーツフライングにしても、あと二〇歳若かったら、挑戦していたかもしれない。

ただ、「命を蔑ろにしているわけではないにしろ、結果的に命を粗末にしすぎていないか? 自分が死ぬのは勝手にしても、家族や友人を悲しませたり、捜索隊に迷惑をかけたりしても平気なのか?」、そう思って命を危険にさらすこのようなスポーツを受け入れがたい人も少なくないだろう。

それにしても彼らはなぜ命を懸けてまでそんなことをするのだろうか?

現代人の生き方が頭を使うことにあまりにも偏り、生の実感が非常に薄くなっていることも背景にあると思う。

体を存分に動かし、生命をフルに使って生きるということが抑えつけられている環境だからこそ、そうしたものへの反発と生の実感を回復したいという〝飢え〟のようなものを持つ人が少なくないのではないか。その中でもひときわそんな飢えを強烈に持っている人たちがいるということではないだろうか。

もちろん自然界の生き物は命をひどい危険にさらしてわざわざスリルを味わったりはしない。その意味では愚かと言えば愚かな行為かもしれない。

だが、愚かであろうと何と言われようと、命を危険にさらす遊びをやめられない人はいつの世にも一定数必ずいるものであり、そのような志向を持つ人はこの都市文明が発達した環境ゆえに今、増えているのではないだろうか。

殺すか？　殺されるか？

Q　戦争に行って人を殺すことなど絶対にいやだと思っている若者が徴兵され、戦地に送られました。

その若者が上官から「捕虜を死刑にするから殺せ」と命じられました。

若者は自らの手で人の命を奪うことなどどうしてもできません。

しかし、命令に逆らえば上官や仲間からリンチにされ、自分が殺される危険があります。

若者はどうすればよいのでしょうか？

Ａ　戦地では「上官の言うこと」が絶対である。それに背くということは〝死〟を覚悟しなければならない。上官の命令は法律や憲法より上にくる。戦地における軍隊はそれだけ理不尽極まりないものなのだ。

今回のケースで言えば、「捕虜を殺す」か、「自分が死ぬか」のふたつの選択肢があるわけだが、捕虜を殺したくないのなら、「自分の死」を覚悟するしかない。少なくとも「捕虜は殺されず、自分も死ななくてすむ」という結末はない。

私が命令を受けた兵士だったら上官に対し、「捕虜は殺せません、代わりに自分を殺してください」ともしかしたら言うかもしれない。国際法では捕虜を虐待したり、殺害したりすることは禁じられているからだ。

ただ、私がこう感じるのも、戦争を身近に感じていた世代だからだろう。戦争を知らない世代の人たちからすれば「何でそこまで覚悟しなくちゃならないの？」と思うに違いない。

実際に人と人が殺し合う〝戦地〟は、今私たちがいる〝通常の社会〟とはまったく別の世界である。

最近、北朝鮮がミサイルを撃ったり、核実験を行ったりと、世界情勢をまったく無視した行動を取っている。

そんな北朝鮮を見て「あの国は狂っている」とか「あの国に常識は通用しない」と言っている人をよく見かけるが、北朝鮮は朝鮮戦争以降、言ってみればずっと「戦時下」なのだから、私たちの常識が通じるわけがない。

いったん戦争となれば、社会の常識も、法律も意味をなさない。こちらにはこちらの、敵には敵の〝正義〟があるだけだ。

上官の命令に背くなら死を覚悟すべし。そのような時代が再び来ないことを祈るばかりである。

第四章　「生き方」が根本から問われる選択

蝶《ちょう》が私になったのか?

Q　荘子《そうし》の説話で「胡蝶《こちょう》の夢」というのがあります。荘子は自分が蝶になって自由に飛び回っている夢を見て、目を醒《さ》ましました。そのとき、荘子は「私が蝶になったのか、蝶が私になったのか」と問いを発します。桜井さんなら、「蝶が私になったのか?」をどう解釈しますか?

A　夢の中で人間以外の別の生き物になるという体験は多くの人がしたことがあるのではないだろうか。

荘子の「蝶が私になったのか?」は確かにユニークな発想であり、雅やかな趣がどこか漂っている。だが、荘子の無意識は何か大きな不安を抱えていたのではないだろうか。

空を飛ぶ夢は、何かに抑圧されているときなどに見ると言われる。荘子は何に抑圧されていたのか、それを知る術《すべ》はないが、もしかしたら迫り来る死期に対して恐怖や不安を感じていたのかもしれない。

そんな気持ちが夢に反映され、はかない命を持った蝶が荘子の夢に現れたのだ。「死が怖い」。荘子にとってその不安は、あまり認めたくない事実だったのかもしれない。だからそれを「蝶が私になったのか？」という哲学的な発想に無意識のうちにすり替えた。私にはそんな気もする。

私も空を飛んでいる夢はたまに見る。ということは、私も荘子やみなさんと同じように何かに抑圧されているということなのだろう。

私自身が空を飛んでいるのだが、思いのほかスピードが出ない。私は鳥のようにすーっと飛びたいのに、自転車を漕《こ》いでいるくらいのスピードしか出ないのだ。

私は心理学者ではないので「飛ぶ夢」の意味するところはまったくわからないが、「人間が飛ぶ」ということは相当の変化のわけだから、先述したようにトラブルや環境の変化、そういったものに抑圧されていたり、あるいはそういった状況を不安に感じたりと、何かしらの問題を抱えているときに「飛ぶ夢」を見るのかもしれない。

眠った際に見る「夢」が、身の回りに起こっている問題を何かのシグナルとして教えてくれている可能性はある。

夢を夢としてそのままにするのではなく、「あの夢は何を意味していたんだろう」と思いを巡らせることは、自分の深層心理からこれから起こること、または今後の対応などを考えていく上でとても大切なことである。


もっともこんなことも思う。荘子が「蝶が私になったのか?」という感慨を抱いたのは、死への不安と同時に夢の中で「大きな生命」を貫く何かに触れたから、だと。

万物の生きとし生けるものを貫く広大な生命そのものを荘子は蝶になって直観した。その「大きな生命」が人間になったり、蝶になったり、魚になったり、鳥になったりする。すなわち、「大きな生命」の地平において、人は蝶であり、蝶は人なのだ。荘子の無意識は束《つか》の間そこに降り立った。

だから、その夢は幻ではなく、現実の深い姿なのである。荘子はもしかしてそのようなことを伝えたかったのかもしれない。

両手でなく片手で叩くと、どんな音が鳴るのか？

Q　「隻手《せきしゅ》の声《こえ》」という禅の公案があります。

両手を叩くとパンという音がするが、片手だけならどんな音が出るか？というものです。

桜井さんはどんな解釈をしますか？

A　いかにも禅の公案に出てきそうな話であるが、私は片手であってもそこにある空間、空気を掌《てのひら》に感じる。

片手だけならどんな音が出るか？

私は音よりも、あるいは響きよりも、そこにある〝気体〟とその濃度を感じ、それらが発する気配を音としてとらえる。

その音は両手を合わせたときのような「パン」という音ではないだろう。だが、片手から生まれるかすかなその音は、耳を澄ませば聞こえるはずである。

ふだんみなさんが感じている〝音〟は外に向けて響く音だが、「片手の音」はふだん感じることの無い、内に響く音と言ってもいいかもしれない。

雀鬼会では牌を麻雀卓に捨てるときの音を大切にしている。牌を打つとき、無駄な思考、無駄な動きが無ければこの「内に響く音」が鳴るが、少しでも無駄な動作が入ればいい音を響かせることはできない。

牌はつかまなければ捨てることはできないが、「つかむ」という感覚があると無駄な動作が入りやすくなる。

だから私は道場生に「つかむんじゃなくて〝触る〟くらいの感覚で牌を握りなさい」と教えている。

触る感覚は、つかんでいないので、そこに執着が無い。執着は思考にも動作にも硬さを生じさせるものであるから、できるだけ省いていったほうがいい。執着を省くことで動きに無駄が無くなり、思考も動作もやわらかくなっていく。

牌の発する「内に響く音」とは、雨粒が水溜《みずた》まりに落ちたときのような、自然の発する音に近い響きである。

雲をつかむようにふわりと、触るかのように牌を持ち上げる。そうすると、卓に牌を捨てるときにもいい音を響かせることができるのだ。

公案の話に戻ろう。この公案に対するあるお坊さんの答えで、自分の尻を叩いて「これがその音だ」という発言もあったという。

私なら、自分の尻など叩かない。私は「片手ならどういう音がするか」と聞いてきた相手のほっぺを叩いて「この音だよ」と答える。

ほっぺを叩かれたお坊さんはそれこそ、きょとんと狐《きつね》につままれたような顔をするに違いない。

でも、相手はお坊さんだからほっぺを叩かれてもきっと怒らない。怒ってしまったらそれこそお坊さんの存在が危うくなってしまうから。

「隻手の声は痛いが相手のためになる」。これが案外、答えなのかもしれない。

草履を頭に載せた僧は何を伝えたのか？

Q「南泉斬猫《なんせんざんみょう》」という禅の公案があります。

修行をしている若い僧たちの前に、一匹のかわいい猫が現れました。あまりのかわいさから、その猫を巡って東と西、ふたつの堂の間で「猫はこちらのものだ」と言い争いが起きました。そこに師匠格の南泉和尚が現れ、その猫を斬って捨ててしまいました。

夕方になって趙州《じょうしゅう》という僧侶が戻ってきたとき、南泉は趙州に「お前ならどうした？」と尋ねました。

すると趙州は履いていた草履を頭の上に載せ、無言で去っていきました。

それを見た南泉和尚は「趙州がいてくれたら猫を斬らずにすんだのに」とつぶやいたといいます。

桜井さんなら、趙州のこの行為をどう解釈しますか？

A　仏教では本来、殺生禁止がその教えのはずなのに、若い僧たちがもめているからといって和尚が猫を斬ってしまうのはおかしな話である。

猫は何の罪も犯していない。もめている僧侶たちが、そもそもは〝欲〟から離れた存在でなければいけないはず。欲を断つべく修行しているはずなのに、欲まみれとなって猫の奪い合いをするとは、こちらもナンセンスな感じがする。

趙州の行為に関してだが、草履とは足に履くものである。それを頭に載せるということは、「お前らのやっていることはすべてが真逆だよ、無茶苦茶だよ」と暗に示しているのではないだろうか？

「君たちのしていることは禅の教えに反しているよ」

「何年修行しても、何も身に付いていないじゃないか」

それを、まるで相手を嘲笑《あざわら》うかのような「草履を頭に載せる」という行為で示したように思うのだ。

また、土にまみれた汚い草履は人から軽んじられ、ぼろくなるといとも簡単に捨てられる運命にある。

頭の上に載せられた草履は無残に命を捨てられた猫そのものではないだろうか。汚れて粗末に扱われる草履を頭に載せしずしずと歩くことで、同時に趙州は猫を弔っているのではなかろうか。

しかし、修行僧たちが猫を奪い合い、和尚がその猫を切る。あまりにナンセンスすぎておかしくなってくるが、これが人間の真の姿だと言うこともできる。

欲、執着心、殺生など、人間の残酷性はいかに厳しい修行をしても抜けないものであることを、この公案は教えてくれているのかもしれない。

そう考えると、趙州の取った行動は〝禅〟そのものに対する皮肉である。

どんなに修行しようが、徳を積もうが、人は欲や執着心から離れることができない。人間は「人間」であり続けるしかない。

趙州はそんな人間の滑稽さをも、「草履を頭に載せた珍妙な姿」を通して私たちに教えてくれているのではないだろうか。

冗談も繰り返していると現実になるのか？

Q　冗談でも繰り返し言っていると、それが現実になることがあります。トランプ大統領の誕生などもそのひとつと言ってもいいかもしれません。初めのうちは本気で支持している人は少なかったと思うのですが、トランプの言動をおもしろおかしく、冗談半分で取り上げているうちに現実になってしまったような気がします。

非現実的に思えることでも実際繰り返し口にしたり、思ったりしていると、それが現実になってしまうことがあるのは、偶然なのでしょうか？

それとも、いわゆる「言霊の力」というものは存在するのでしょうか？

A　言霊と表現していいのかどうかは別にして、「冗談のつもりで言ったことが現実になる」ということはあると思うし、私はそのような経験をいくつもしている。みなさんの中にも思い当たる経験をした人はけっこういるのではないだろうか。

言葉は目に見えるものではないから、言葉を発したらその場で消えてしまう。でもその言葉は自分自身の中だったり、あるいは話をした相手、周囲の人たちの中で生き続けている。つまり、発せられた言葉は目には見えないが、いろんなものとつながっていっている。最初は冗談だったのが、いろいろな人に伝わっていく過程で、オセロのように真実味を帯びたニュアンスにひっくり返ることはいくらでもありうる。

そんな見えないつながりが今はネットの後押しで急速に広がったりするから、先だってのアメリカ大統領選のように気がついたらトランプ大統領が誕生していた、ということにもなるのだ。

私たちの〝命〟は〝生〟の連続性である。その〝生〟から発せられる言葉も、連続性となって周囲のものに伝播《でんぱ》しながらつながっていく。

「北京《ペキン》で蝶が羽ばたけば、ニューヨークで嵐が起こる」という「バタフライ効果」を表す言葉もあるが、まさにこの言葉こその連続性とつながりを表している。つまり、実感は湧かないだろうが、私たちとトランプ大統領も、どこかでつながっているということなのである。

言葉が世界をつくり出すのであれば、言葉のつながり、周りの人たちとの会話を大切にしていれば、いろんなことを予測する力もついてくると思う。

言葉や人のつながりを大切にしている人と話すと、会話も盛り上がる。ひとつの言葉をきっかけに、そこから会話がどんどんと広がっていく。

でも、会話を大切にしていない人は一言、二言の言葉で会話が終わってしまう。たとえば「この料理、おいしいですね」と言われて「はい、おいしいですねぇ。とくにこの○○なんか、私は大好物なんですよ」と返せば、会話はその後も続いていくが「おいしいですね」と言われて「まあ、そうですね」というような言葉を発していたら、会話がそこで分断され、つながりも、流れも止まってしまう。これでは言霊の力は発揮されないし、そのような人はいろんなことの予測をするのもあまりうまくないはずである。

冗談にしろ、本気にしろ、あるいはいいことにしろ、悪いことにしろ、言葉はすべてこの現実世界とつながっている。だから、できる限り「悪いこと」を言葉として発していくことは控えたほうがいい。

私は言葉のつながりを大切にしてきたから、そのつながりによって「ありがたいな」「助かったな」と感じるようなことにたくさん巡り合ってきた。

〝思い〟や〝願い〟も、言葉として発していけば、それはつながっていく可能性は大いにある。いい言葉も、悪い言葉も、すべてつながっている。それを忘れてはいけないと思う。

日本社会に根強い体育会的な管理指導は本当によい結果を生むのか?

Q 日本の社会では、会社をはじめとするさまざまな組織において「体育会的なマネジメント(管理)」が支配的です。

学校や家庭における教育においても同様の傾向が強くあります。

体育会的管理とは、立場的に上にある者がそうでない者を力によって精神面まで支配することです。

これを受けた者は反対に上の立場に立つと同じことを下の者にしがちです。

言うまでもなく、体育会的管理をする者は相手を自立した個人として認めていません。

それでもそのことがごく当然のように行われるのは、体育会的管理がそれなりの結果を出しているからです。

しかし、体育会的管理の指導や教育を受けた人間は、成長の伸びしろが小さくなるような気がします。青山学院大学の駅伝チームの指導があれだけ注目されているのは、体育会なのに体育会的管理とは正反対のことを監督がしているからです。

日本社会がこうした体育会的管理をよしとする風潮から抜け出せば、個々人の生き方はもっと自由で伸びやかなものになると思います。その弊害に多くの人が気づくようになるにはどうすればいいのでしょうか？

A　日本の社会は、会社組織などを見てもわかるように、軍隊のような管理制度が未《いま》だに根深いところで残っている。上の立場にある人間が下の人間を自立した個人としてではなく、奴隷のような感覚で扱っている会社がまだまだたくさんあると聞く。

私は代打ち稼業を始めたころ、ある会社の社長の生き方に惚《ほ》れてその会社で文字通り無給で九年間働いたことがある。社長に「給料はいらないから傍で働かせてほしい」と頼んだのだ。私としては社長から有形無形のさまざまなものを学べるだけで十分だったのである。自由出勤だったが、他の社員の何倍もの成果をあげて会社に貢献したと思う。そんな私を社長は自立した個人として扱い、対等に付き合ってくれた。そういう人間的に懐の深い経営者は今の時代どれほどいるのだろうかとつい思ってしまう。

名の通った大企業でさえ、上っ面はさも優良な企業の体《てい》を装いつつ、その裏では社員に過酷な労働を課したりしている。

人を管理しているのは会社だけではない。学校でも、親子関係でも、上の立場にある者が下の者を精神的に支配する構図は至るところに見られる。そんな構図は普遍的にあるものなのでみな当たり前に思っているが、世界の中では異質ではないだろうか。

このような日本独特の〝体育会的〟な管理体制は、戦時中の軍隊の上下関係から連綿と続いてきたと思われる。

軍隊の上下関係と言えば、力によって下の者を従わせる〝絶対服従〟である。日本人はそういった上下関係を前提とする教育を当たり前のもの、場合によっては「よき教育」としてとらえてきた。それはある一定の成果を出しているので、よいものとして前向きにとらえる人は少なくない。だが、実際は上から押さえつける教育は、その人が持っている能力を十分に開発することができないのだ。

今でも「子どものしつけは厳しく」として、我が子に対して暴力の行使も厭《いと》わない親はたくさんいるし、中学や高校などの部活動でも「体罰は禁止」とされているにもかかわらず、生徒に対して暴力を振るった教師が処分されたりもしている。

私は、人間は生きる上で「厳しさ」も必要だと思っているから、暴力を全面的に否定する気はまったくない。ただ、日本の教育や指導においてしばしば目にするのは、「厳しさ」の正体が力を持つ者の単なる「支配欲」だったりすることだ。強い支配による抑圧の中では本当の「自立心」は育たないから、伸びしろが小さくなってしまうのである。

私は山菜が好きなのだが、厳しい冬の寒さを経て、春に芽吹いた山菜はしっかりした強さを持っているから味わいもより一層深い。

人間も、厳しさを知らない人より、いくつもの苦難を克服して生きてきた人のほうが、人としての〝強さ〟を持っている。

だが、下の者を従わせるために暴力だけに頼るような「ただ厳しい」だけの教育では、本当の精神の強さは育まれない。

山登りを例にちょっと話してみたい。山頂に行くのに、ふたつのルートがあったとする。ひとつは登山道が整備され、登りやすいルート。もうひとつはまったく整備されていない、自然そのままの急勾配の崖をよじ登っていかなければならない険しいルート。みなさんはどちらのルートを選ぶだろうか？

登山を趣味程度に楽しんでいる人ならば登りやすいルートを選ぶだろうし、本気で登山に取り組み、その技術をもっと極めたいと思っている人はきっと険しいルートを選ぶだろう。

自ら険しさや困難さの中に身を置き、技術や精神力を高める。これが厳しさを味わうということであり、それを繰り返すことで人は本当の強さを身に付けていくのである。あくまでも自発的な意志で自ら進むべき道を選ぶことが大事なのだ。

しかし、暴力や体罰などによって上の者が下の者を従わせようとするやり方は、先の登山で言えば「山に登りたくない」という人を無理矢理山へ連れて行き、後ろから尻を叩きながら登山させるようなものである。

間違った厳しさを与え続けられた人たちは、生きることに否定的になったり、精神を病んでしまったりと、やがて必ずその副作用が現れる。間違った厳しさをいくら与えたとしても、本当に自立した強さが身に付くことは決して無い。

多くの人が「本当の厳しさとは何か？」に気づけば、きっとその厳しさを楽しむことができるようになるだろうし、「本当の強さ」や「自立から得る真の自由」というものを肌で実感できるようになるだろう。

決まりごとのない自由は世の中に存在するのか？

Q　法律も常識も決まりごとも何もない、自由な場所で奔放に暮らしてみたいと思う反面、やはり人が生きていくにはそれなりの決まりごとも必要だと感じたりもします。

本当の自由とは一体何なのでしょうか？

自由の中にもやはり決まりごとみたいなものも必要なのでしょうか？

Ａ　たとえば、誰もいない無人島にひとりでいたら、そこには何の縛りも無い、本当の自由があるかもしれない。

でも、人間には食べ物が必要だし、寝る場所も必要である。自給自足の生活をしていくために魚を獲ったり、木の実を採集したり、農作物を育てたりしていかなくてはならない。そうすると、おのずと行動を律する決まりごとが必要になる。魚を獲るにはいつの時間帯にどこの場所ですればいいいか。農作物を育てるとなると土をつくることから始まって、水をやる時間や害虫の駆除、収穫のタイミングなど細かい決めごとをしてせっせと動かなくてはいけない。

そうやってたったひとりで暮らしていたとしても、毎日の生活の中に何らかの決まりごとみたいなものはひとつ、またひとつと増えていくはずである。

人がたったひとりで暮らしたとしてもそうなのだから、ふたり以上の複数の人間が集まったら、そこには何らかの決まりごと、規則をつくらなければ収拾がつかなくなる。

自由な環境であるほど自分を律し、生活を律するためにルールをつくっていかなくてはならない。それに対して現代の管理社会は無人島と比べて自由度は断然下がるが、あらかじめ決められたルールに従っていればけっこう楽に生きられる。つまり、本当の自由とは厳しさの中にあるということだろう。

人が多数集まって形を成す共同体のルールの中には、必ず「暗黙の掟《おきて》」といったものがある。決まりごとよりもうちょっと重みのある「掟」。リーダーが集団を統率していく上で、この「掟」は欠かせないものだ。

アメリカ大陸の先住民たちは、酋長《しゅうちょう》を頭として、そこに「掟」をつくって、村を統率し、その生をつないでいた。

だが、その「掟」は自分たちが快適に過ごすための「決まり」であり、決して自分たちを不自由にしたり、縛り付けたりするものでは無かったはずである。

私が開いている麻雀道場・雀鬼会にも、第一打での字牌切り禁止、ノーテン時のドラ切り禁止など、いくつかの掟がある。

麻雀をしているとき、雀鬼会の掟を破ればペナルティを取られる。道場生たちはそれが「いけないこと」「ダメなこと」とわかっていながら、不注意によってゲームの中でミスを起こし、ペナルティを取られている。掟をつくった張本人である私は酋長みたいなものだから、ミスを犯してはいけない。

でも私が考える麻雀において、世間一般の麻雀における自由さは「ただの勝手」でしかない。「自由」と「勝手」はぜんぜん違う。だから雀鬼会の掟は、その「勝手」と「自由」の違いがわかるような決まりとなっている。掟を守ることで「勝手と自由は違うんだよ」ということがわかるようになっている。

麻雀には東南西北《トンナンシャーペー》という方角と上手、下手の流れがあり、上からきれいな水を流せば下は清流となるし、汚い水を流せば下の流れはどんどんと汚れていく。

世間一般の「勝手」な麻雀は、上手から汚い流れをどんどんと垂れ流す麻雀である。だから私は道場生たちに「できるだけきれいな水を流していくようにするんだよ」「もし〝汚いな〟と思ったら各自できれいにしていくんだよ」と教えている。雀鬼流の麻雀は前に触れたように駆け引きやトリッキーな技など、政治や経済の要素を取り除いたところで成り立っている。政治や経済の色を除いた麻雀は見ていてきれいで気持ちがいいのだ。「自由」と「勝手」は違う。そう解釈すれば、自由の中にも「ルール」や「掟」が必要なことがみなさんにもきっとわかってもらえると思う。

会社を辞めたいが、生活のために辞められない人はどうすればいいか？

Q ブラック企業に勤めていて過労状態が続いている男性社員がいます。上司に過剰なノルマを課せられ、クリアできなければ他の社員のいる前で「この役立たず」「お前なんか生きている資格がない」などと怒鳴られます。

始発で出社し、終電で帰宅するような生活が続いているため肉体的にも精神的にもきつく、もう限界まで来ています。

疲れ切ったその男性は会社を今すぐにでも辞めたいと思っていますが、年齢的にも転職は難しく、家族もいるので路頭に迷うわけにはいきません。

この先、この男性は一体どうすればいいのでしょうか？

A　ここ数年、過労死などが社会的問題となり、社員を奴隷のように悪質な労働条件で扱う会社は〝ブラック企業〟と取り沙汰されるようになってきた。

しかし、私は一部の会社だけを取り上げ、「ブラック企業だ！　悪い会社だ！」と責め立てる今の社会的風潮には違和感を覚える。

そもそも、今の社会のどこに〝ホワイト企業〟と呼べるような善良な会社があるのだろうか。

ブラック企業と呼ばれる会社は、その〝黒い〟部分をあからさまにされたから世間から叩かれているだけ。私から見たら、今の世の中のほとんどの企業は〝ブラック企業〟である。

どの企業もたいがい黒い部分を持っている。でも、ずる賢い会社ほどそんな黒い部分を隠す術に長《た》けている。世間の人々はあくどい企業のそんなずる賢さに騙されているだけなのだ。ブラック企業で働いている人たちの中には、辛い毎日を過ごしている人もきっと多いと思う。

しかし、自分の心の中をちょっと確かめてみてほしい。自分の中にブラックな部分はないだろうか？　上司が間違ったことを言っていたとしても「そうですよね」と媚びへつらってはいないだろうか？　会社が間違ったことをしているのがわかっているのに、見ぬ振り、知らぬ振りをして何もせず、流されるままに生きてはいないだろうか？

ブラック企業で働き、悩み苦しんでいる人がいたとするなら、まずはそんなブラックなメンタルが自分の中にもあることを認識することから始めればいい。

ブラック企業を辞めたいが、それほど悪くない給料を貰っていて生活のために辞められないというのであれば、その生活を一度見直してみたらどうだろうか？

今の生活は本当に身の丈に合った生活なのか？　社会に流され、あるいは見栄や体裁を気にして身の丈以上の生活をしてはいないか？

本当にその仕事をやめたいなら、「今まで通りの生活はできなくなるけど」と家族を説得し、転職する他道はない。

生活費を切り詰めれば、今までできていたことができなくなったりもするだろう。でも、あなたが死ぬほど悩み苦しんでいることを知れば、家族はあなたの選択に応じてくれるのではないだろうか。

体力的にタフな人ほど、過労が続いてもそれに耐えてしまう。しかし、人が働きすぎによって死ぬ、いわゆる〝過労死〟に至ってしまうのは、体力的な問題よりも精神的な面での影響が大きいと私は思う。

真面目に生きてきた人は責任感も強く、「会社を辞めるのは悪」「会社を辞めたら仲間に迷惑をかけてしまう」と考える。

そういった思考回路が常に働いているため、会社を辞めたくても辞められない。誰かに相談することもできない。その結果、精神を病み、自ら死を選ぶようなことになってしまったりするのである。

だが、それはその人らしい生き方をせずに、周りの評価や世間の価値観に力点を置きすぎたことにも大きな原因があると思う。死ぬほど働くその手前で、自分にとって本当に大切な生き方は何なのかを探るべきなのだ。

資本主義と呼ばれる経済社会では、組織の下のほうにいる人間ほど、「周りに迷惑をかけてはいけない」「会社のためにしっかりやらないといけない」と考え、周囲に気を遣い、神経をすり減らして生きている。

一方の上のほうの人間たちは傍若無人に振る舞い、周囲に迷惑をかけてもまったくのお構いなし。自分の懐を潤わすためなら手段を選ばず、下の人間をこき使い、ふんぞり返って生きている。

あなたがもし「会社に迷惑をかけられない」と考えているのなら、そんな〝上のほう〟にいる連中を見てみるといい。そうすれば「こんなやつらのために死ぬのはバカらしい」ときっと思えるはずだ。

仕事にやりがいを求めることは正しいのか？

Q　よく仕事にはやりがいを持てと言われますが、仕事にまったくやりがいを感じていない人がいます。

その人は労働をただお金に換えているといった感じで、毎日がとても味気なく感じています。

もっとも「自分は何がしたいのか」「やりがいを感じる仕事は何なのか、仕事が生きがいと言えるような仕事はあるのか」が皆目わかりません。

そんな人でも仕事に喜びを見出《みいだ》すには、あるいはやりがいのある仕事、生きがいに感じられるような仕事を見つけるにはどうすればいいのでしょうか？

A　かつて、文明というものを手にする以前の人類は狩りをしたり、植物を採取したりして命をつないでいた。そのころの人類に〝仕事〟という概念も、〝働く（労働）〟という概念もなかったはずである。彼らはただ、生きるために生きていた。

だが、文明というものが生まれ、人類は田畑を耕すようになり、それまでの人類にはなかった〝蓄える〟〝貯《た》める〟という概念が発生した。

定住化、貯蓄、文明の利器の発達、そういった諸々の条件が重なっていく中でさまざまな〝職業〟が生まれ、それまでの人類には無かった〝仕事〟、そして〝労働〟という概念が生まれたのだ。

本来、私たちの祖先が狩りをしていたのは、「食べるため」であり、「命をつなぐため」だった。しかし、そこから長い時を経て、〝仕事〟という概念、さらには労働の対価である報酬（貨幣）などが登場し、人々の生きる理由は「命をつなぐため」だけでは無くなってしまった。

金欲、物欲、出世欲……。現代社会には人間の本能からくる〝欲〟以外の、さまざまな欲が渦巻いている。

これらの欲はすべて〝仕事〟という概念が生まれた結果と言える。そして過去から現在まで、権力者たちは〝労働力〟を確保するために「努力することはいいことだ」「努力してがんばれば願いごとはかない、成功する」という価値観を社会に広め、一般庶民を自分たちの考えに従わせてきた。

しかし、資本主義社会は権力者の意志や思いなどとは関係無く、社会を支える価値観を空気のように自動的に広げていくシステムでもある。すなわち、今や権力があろうとなかろうと、この社会を動かす「経済的な勝者になることが最善の生き方である」という強い価値観に、上にいる人間も下にいる人間も誰しもが洗脳されてしまっているのだ。

確かに、あなたは働いた結果報酬を得て、その報酬によって家族の生計が成り立っているかもしれない。

だが、あなたが働いた分のほとんどの報酬は構造的に上に吸い取られている。認めたくはないかもしれないが、それが現実だ。だから、多くの人が「自分も権力を持てる人間になろう」と上をめざして生きている。

よい成績を取って、優秀な学校に行って、報酬の多い会社、大企業に就職する。あるいは霞《かすみ》が関《せき》の官僚になる。そしてその会社、組織でも優れた業績を残して上へ、上へと上り詰めていき、権力を得る。だから多くの人たちがこの本流の流れに乗ろうと躍起になっている。

今の社会の流れは、過去の権力者たちが下の人間を働かせるためにつくり出してきた、ある意味まやかしに近いものである。そして、その流れを支える「成功」や「幸福」にまつわる価値観は無数の現代人の頭に深く刷り込まれている。

だから権力者たちは「働けばいいことがある」と労働者たちの目の前にさまざまなニンジンをぶら下げ、それをエサに下の人間たちを働かせてきた。もっともそれを支える価値観は下にいる人間にとってもよいものであると権力者自身は思っている。

昭和の時代の高度成長期は「働けば高い報酬が得られる」から、それが働くためのエサになっていた。

だが平成の今の世は、インターネットなどの情報網の発達によって社会のさまざまなカラクリが白日の下にさらされ、それがまやかしであることに多くの人が気づいてきている。だから、今の時代に生きる人たちの多くが、仕事に意味を見出せず、やりがいを感じられないのは当然のことなのかもしれない。

でも考えてもみてほしい。人間にとっての〝仕事〟は、やりがいなどを感じるものではなく、ただ単に生きるため、命をつなぐためだけのものであったはずだ。

やりがいや意味を求めてもそれがもし難しければ、仕事は生活の糧を得るためのものと割り切ってプライベートで楽しむ人生を送ればいいと思う。

それでも「仕事にやりがいを感じたい」という人がいるのであれば、今の社会の本流である「少しでも高く、少しでも大きく」という経済的思考から脱却し、「もっと低く、もっと小さく」というまったく正反対の仕事を探してみるといいかもしれない。

「広がるのはいいことだ」と、大企業はその規模を大きくすることだけに必死になってきた。でもそうではなくて、街の商店街のお店とか、あるいは従業員が二、三人しかいないような小さな町工場、あるいは腕一本で勝負している職人さん、そんな仕事をしてみれば、大企業と違って自分の裁量でさまざまなことを決められ、動かすことができる喜びややりがいがあるかもしれない。

商店街のお店も、町工場も、職人さんも、ものすごく頑張って「店を大きくしよう」とか「営業規模を広げよう」とは思っていない。彼らはお客さんが必要とするものを売ったり、つくったりしているだけ。大きな企業のように「たくさんつくって、たくさん売る」のは儲《もう》かるかもしれないが、それではお客さんや取引相手と真の信頼関係は築けない。損得勘定を抜きにしたこのような商売は現代社会では見向きもされないのかもしれない。

でも、私はそういった仕事にこそ本当のやりがいがあるのだと思う。

洗脳されそうな友人を説得するには？

Q　仲よくしている親友が、ある人生の選択を前にして悩んでいます。
その親友はある占い師を信じ切っていて、その悩みを占い師に打ち明けました。

そして今、占い師の言うがままに、人生の選択をしようとしています。

でも、占い師がすすめる選択は、そちらに進むとよくない結果を招くことが傍から見ていても明らかです。

その親友が誤った道に進むことを止めたいのですが、どうやって説得すればいいでしょう？

あるいは、親友の自己責任だと割り切ってあきらめるしかないのでしょうか？

桜井さんなら、こんなとき、どうしますか？

A　こういった占い師、あるいは新興宗教、自己啓発を騙《かた》るカルト企業などに洗脳され、変な方向に行ってしまう人を私は今までに何人も見てきた。

洗脳のとば口で逡巡《しゅんじゅん》している人には、その裏のシステム、策略といったものを説明するなどして説得することはできる。だが、洗脳が進行してしまい、誤った考え方にどっぷりと浸かってしまっている人をそこから引きずり出すことは容易ではない。

なぜ、人は洗脳されてしまうのか？

それは誰の中にも「よい人でありたい」という〝善人病〟、正しいことをしたいという〝正しい病〟、そして「自分をもっともっとよくしたい」という〝よくなりたい病〟があるからとも言える。

たとえば、とくに女性に多いのだが、大して太っていないのに「太りすぎている。痩せなきゃ」とダイエットに励んでいる人がたくさんいる。また、体の中で悪いところもとくにないのに「もっと健康になりたい」と健康食品やサプリなどに頼っている人も近年増え続けている。

こういった人たちは、よくなりたい病にかかっているから、その「よくなりたい」という思いを突かれ、もっと行き過ぎた方向に洗脳されてしまう可能性があるのだ。

洗脳に気をつけなければならないのは、宗教や占いばかりではない。

ブラック企業のような会社に入って、休みもほとんどなく、残業、残業で猛烈に働きまくり、挙句の果てに過労死してしまうというのも、一種の洗脳状態にあったと言える。「がんばって働くことはいいこと」「上をめざして努力することはいいこと」「会社のために尽くすのは立派なこと」、そんな固定観念に取り付かれているのだ。

恋愛だってお互いに洗脳し合っているようなものかもしれない。周りの人が「あの人はやめておいたほうがいいよ」と言っても、恋愛にどっぷり浸かってしまっている人は聞く耳を持ってくれない。

洗脳状態にある人は、それを止められそうになると、反発と怒りから一層洗脳されているものにのめり込むことがある。だから私たちが洗脳を解こうと説得する際には、その度合いをより深めてしまわないように注意する必要がある。相手の警戒心が強いときは、あまり強く説得しないほうがいいだろう。

私は雀鬼会で若者たちに麻雀を指導している。私のように「何かを指導する立場にある人」は、指導している人たちを〝洗脳〟しないように気をつけなければいけない。

私は「いいところ」ばかりを道場生たちに見せたりせず、ことあるごとに、自分のダメなところを見せたり、バカを言ったりして、調整するようにしている。

私の本を読んだ人から「桜井さんの本を読んで救われました」と言われることも多いのだが、私は読者のみなさんを救ってなどいない。

読者のみなさんが「私に救われた」と思うのは大きな勘違いである。救ったのは私では無く、本を読んだ読者自身であり、私はその手助けをちょっとしただけに過ぎない。

この社会では、気づくと洗脳されていることもあれば、いつの間にか無自覚に誰かを洗脳していることもある。洗脳されないように。そして洗脳しないように。その両方のとば口に現代人はいつも立っている。ちょっとした弾みでその中へ無意識に入ってしまう危険は常にあるのだ。そう思っておいたほうがいい。

常識や風潮に流されず、独自の道を歩んでいくには？

Q　日本の社会は同調圧力が強い社会です。多くの人は周りの空気を敏感に読みながらそれに合わせて生きていく術を身に付けています。

しかし、社会全体の空気がおかしな方向へ行くときは、先の戦争の例を引くまでもなく、こうした同調圧力は非常に危険なものになります。

周りの空気がおかしくても、日ごろ空気に合わせることを自然にやっている人はそのおかしさを自覚せず、「まあ、いいんじゃないの」と曖昧な現状肯定をしがちです。

そんな人たちが、そのおかしさに気づくことができるようになるにはどういう意識の持ち方、考え方をするべきでしょうか?

A　日本人は周りの空気を読み過ぎて、「みんながそうしているから、自分もそうしよう」とすぐに同じ空気に染まろうとする。

「自分だけ違う行動をしたら浮いてしまう」

「変わったやつだと思われてしまう」

日本人は自分の個性、考え方より、周囲との協調を重んじるところがある。これは日本独特の〝和〟として誇るべき文化なのかもしれないが、それがあまりにも行き過ぎると、企業ぐるみの不祥事を起こしたり、先の大戦のように国が誤った方向に進んだりすることにもなりかねない。

社会全体の雰囲気に流されることなく自分の道を進んで行くためには、〝自分〟という存在をまずは認識する必要がある。

自分という存在を確認し、そこに〝軸〟をしっかりと持つ。軸さえしっかりしていれば、どんな流れに巻き込まれても自分という存在を見失うことはない。

子どもたちの遊び道具であるコマは、軸がしっかりとしているから回り続けることができる。あの軸が少しでもズレていればコマはうまく回ることができないのと同じように、人の〝軸〟もしっかりしていなければ存在が揺れやすくなり、安定した自立を保つことができない。

つまり、自分という存在を社会の中でしっかりと確立したいのであれば、まずはその基盤となる〝軸〟をしっかりと持つべきなのだ。

すべてが損得勘定に則って判断される現代社会では、多くの人が〝利〟にとても敏感である。〝利〟を嗅ぐ力の優れた人が、社会の中でトップにのし上がっていく。本来は自分の中の〝軸〟をもとにすべてを判断していくべきなのに、損得勘定ばかりを優先させる人は〝利〟ばかりを追って、〝軸〟で判断しようとしない。そして結局は周囲の流れに飲み込まれ、自分を見失うことになる。

では、〝軸〟とはどうやってつくられるのか?

私は幼いころからなぜか、周囲の大人たちの言うことに「本当にそうなのかな?」という疑いをよく持って接してきた。

偉い政治家や会社の社長、あるいは学校の先生や高名な専門家。そういった私より「上の立場」にいたり、権威があったりする人間の言うことはそのまま鵜呑みにせず、自分なりに解釈して受け入れたり、そのまま聞き流したりしてきた。

「自分にとって何が正しくて、何が間違っているのか」

物心ついたころから、いつも半信半疑という感覚でものごとに接していたと思う。その上でさまざまな取捨選択を自然と繰り返す中で、何が本当で何がウソか、何が自分らしいかそうでないかを見極め、自分の〝軸〟をつくり上げてきたのだと思う。

私は社会で言うところの「お利口さん」にはなれなかった。私はバカだから、社会の流れには乗らず、自分の軸の中で生きてきたのである。

では、今まで自分の〝軸〟を持っていなかった人が、「軸を持って生きる」にはどうしたらいいのか?

そのためにはまず、世の中の常識や世間体といったものを疑いもなく正しいものとは思わないことだ。たとえば成功することやお金持ちになることが幸せだという価値観を信じ込んで生きているなら、そこには自分の独自の人生は無いと思ったほうがいい。そうしたものは、あなた本来のものではなく、外から借りてきた価値観に過ぎないからだ。だから、まずそうした外から得た価値観を自分から外していかないといけない。

たとえば、経済重視の今の社会では大きくなること、広がることが「いいこと」だとされ、ほとんどの人たちがそれを「正しい」と思っている。大きくなること、広がることが「能力が高い」ことだと思っている。

でも、そんな〝大きなもの〟や〝広がったもの〟にはなるべく近づかず、もっと小さいものに目を向けていくようにするのだ。

「大きなものは偽物。真実は小さなものの中にある」

そのくらいの意識を持って生きていけば、「何が間違っていて、何が正しいのか」が感覚でわかるようになってくる。

親の言いなり、先生の言いなり、上司の言いなり。そうやって人の言いなりに生きていれば、自分で判断も選択もしなくていいから楽かもしれない。

だが、そんな人任せの人生、社会の常識に流されたままの人生を歩んでも、あなたは自分の人生を生きることにはならない。自分らしい生き方、心の底から納得できる生き方は、借り物の価値観を脱ぎ捨て内側から自然と湧いてくるものに従うことによって初めて可能になるのではないだろうか。

人生から何を省けば楽になるか?

Q　文明の発展とともに、人間はこの世をよりよくするため、便利にするためにさまざまなものを生み出してきました。

確かに現代に生きる私たちは豊かになりました。

しかし、その裏で、とても大切な多くのものを失っているような気がしてなりません。

幸せ、不幸せといった概念すらなかった太古の世界の人々のほうが、充実した人生を送っていたのではないかとすら思います。

文明によって生み出されたものが、人間を生きづらくさせているのだとしたら、私たちはまず何を省く選択をしていけばいいのでしょうか。

A　今、世の中の人々が生きづらさを感じているのだとしたら、それは思考の問題だと思う。
文明は、人間の生活を便利にするために発展してきたが、その〝便利〟という言葉の怖さを一度考えてみるといいと思う。

「便利になることはいいことだ」と誰もが思っているだろう。でも、みなさんが追い求めてきた〝便利〟さというものが、自分自身を苦しめているかもしれないと考えたことはあるだろうか？

パソコン、携帯電話といった電子機器はみなさんの生活をより便利にするために生まれた機械だろう。

そういった〝便利なモノ〟があふれる一方で、人間関係にも〝便利な関係〟が横行している。

会社での人間関係は常に〝利益〟だったり〝得〟だったりが求められる。上司は部下に〝利益〟を求め、利益を出す部下は「便利な人間」「使える人間」として重宝される。

逆に会社に損害を与えた人間は「使えない人間」としてリストラされたり、閑職に追いやられたりすることになる。

利害の人間関係が会社だけならいいが、そんな刺々《とげとげ》しく冷たい関係性が今は家庭の中にも入り込んでいる。

みなさんもちょっと考えてみてほしい。奥さんは掃除洗濯、ご飯をつくる便利な存在なのか？　旦那は家にお金を入れてくれる便利な存在なのか？　子どもはやがて大きくなり、親の面倒を見るための便利な存在なのか？

「うちのカミさんは便利なんだよ」

「うちのダンナは稼いでくるから割と使えるわよ」

そんなふうに言われてうれしく感じる人がいるのだろうか？　私はご飯をつくるだけの機械じゃない！　俺は金を稼ぐだけのマシンじゃない！　そう反論したくはならないか？

相手を「便利だ」「使える」などと表現するのは、人として最低の物言いだと思う。でも、残念ながらそのような思考の人のほうが多いのが、現代社会の実情であり、そんな考え方が家庭にも入り込んでしまっているからたくさんの人が苦しむことになるのだ。


この社会は利害関係で成り立っている。経済の社会から利害をすべて取り払うことはできない。またそれと同じように、人間には〝欲〟があるものだから、欲をすべて無くすようなこともできやしない。

でも、利害も欲も無くすことはできないが、できる限り減らしたり、ちょっと離れてみたり、距離を置いたりすることは可能である。

今、どっぷりと経済社会や便利さに浸かってしまっている人は、ちょっとそこから離れ、距離を置いて客観的に今の社会と自分の置かれている状況を見てみるといい。

自分は誰かに「便利なやつ」として使われてはいないか？　あるいは自分が誰かを「便利なやつ」として使ってはいないか？

そんなところからしっかり考え直してみるといいと思う。

「与える」ことができない現代人の壁とは？

Q　人間はいろんな〝欲〟を持っています。最近は宗教や自己啓発系の本などでも、苦しみから解放されるために「周りに分け与える、捧《ささ》げる感覚を持ちなさい」と説かれています。

しかし「与える」と「もらう」を比べると、どうしても「もらう」ほうがいいと思える。「捧げよ、与えよ」という、お釈迦《しゃか》様のような心境にはとてもなれません。

私たちは頭で「与えることはいいこと」と思いながらも、実際には「得をしたい」「もらいたい」と考えてしまうところがあります。

どうやったら自然体で「与える」感覚を自分の中に持てるのでしょうか。

A　「与える」行為をしようとしまいと基本それは人の自由だ。自分がもらうことばかりの生き方をしている人に対し、そんなことでは心が貧しいからもっと他人に「与えなさい」と無理強いすることはできない。でも、「与える」ことができる人が増えれば、社会の風通しはよくなり、もっとみんなが気持ちよく暮らしていけることは確かだろう。

「与える、捧げる」という感覚に限らず、頭ではわかっていても、なかなか実行に移すのは難しいということは山ほどある。

「子どもに暴力を振るってはいけない。言葉でしっかりと説明を」と言われても、我が子にゲンコツを食らわせてしまう人はいるだろうし、「お年寄りや体の不自由な人に席を譲ろう」と思っていても、実際に電車やバスで瞬時に決断できず席を譲れなかったという人も多いに違いない。

頭でわかっていても、それを行動に移せない。この原因は、今の人の生き方に余裕が無いせいもあるだろう。

ここで言う〝生き方〟とは、日々の生活ぶりや振る舞いといったものであり、今の世の中を見渡すと、生き方に余裕の無い人が本当に多い。

時間の余裕、お金の余裕、気持ちの余裕、そういったあらゆる〝余裕〟が無くなってしまっているから、「誰かに譲ろう」「捧げよう」「与えよう」という感覚が薄れてしまっているのだ。

もっともかなりの田舎に行くと、都会の生活ではなかなかお目にかからない「与える」という行為が当たり前のように日常の中で行われている。水揚げの少ない漁師には仲間が自分の獲った魚をあげたり、農家が余分に穫れた収穫物を漁師にあげたり、そんな「与える」ことがふつうに行われていたりするのだ。

都市ではそんな感覚が希薄なのは、何でもかんでも経済の尺度で生活をしすぎているからだろう。

お金にしろ、モノにしろ、自分が持っているものは、努力して手に入れたものである。たくさんのコストをかけてせっかく手にしたものを手放したくないという気持ち。自分の努力をあげてしまうようでそれまで費やした苦労が無駄になるような気分。経済一辺倒の社会で生きていると、そういった感覚が強くなって「譲る」「与える」ということができなくなってしまうのだろう。

日々の生活の中で「譲る」とか「与える」といった〝余裕〟を持てるようにするには、ほどほどのところで「これで十分です」という感覚を常に持つようにするといいと思う。

たとえば目の前にコップがあったとして、多くの人はコップにあふれるほど目一杯の水が入って初めて満足する。中には水があふれだしているにもかかわらず、それでもまだ満足しない人もいる。

そんな満足の仕方をやめて、コップ七分目くらいで「十分」と感じることができれば、残りの三割を余裕として取っておける。その余裕が思考や行動に柔軟性をもたらし、困難なことに直面したときなどに自分を助けてくれるのである。

もっとも口では簡単にそう言えるが、人の心は実際には「七分で十分」とはなかなか感じられないものだ。

では、どうすれば少しでも七分ほどで十分という心境になれるのか？

そのためには、今、自分が持っているもののありがたさを深くかみしめるように味わうことだと思う。絶えず、「もっともっと」と思っている人は、すでに自分が手にしているものをろくに味わいもせずに、さらなる欲を掻《か》き立てているのだ。

たとえばこんなことを想像してほしい。あなたが病気で寝たきりになってしまい、ほとんど体を動かすこともままならなくなってしまった。そんな状態と比べると、体を自由に動かせることは、それだけで喜びにあふれるものだということに気づくだろう。もし寝たきりの状態から奇跡的に回復すれば、病気になる前は退屈でいやな家事だった掃除や皿洗いですら、こんなに自由に手を動かせる、指を動かせる、足を動かせる、とひとつひとつの動きが奇跡のようにありがたいものだと思うはずだ。

すでに自分にそなわっているもの、手にしているものはたいてい当たり前に思って、その価値を蔑ろにしているものだ。

だが、当たり前のことができないという状態を想定してみると、蔑ろにしたり、無自覚だったりするさまざまなことがものすごい輝きを持っていることがわかる。

それをじっくり味わう感覚こそが、「七分で十分」という気持ちにさせ、生き方に余裕を生むのだと思う。「与える」という行為も、そうした中からきっと自然と出てくるのではないだろうか。

「生きることの意味」への問いは何をもたらすのか？

Q　人は生きていれば、生きる意味をどこか求めたくなります。意味を探しても無意味だという考え方の人は、たくさんいます。一方で、意味をしんどくてもとことん突き詰めて考えることの重要さを説く人もいます。生きる意味とは何なのでしょうか？ 生きていれば折に触れてうっすらと湧いたりする「生きることの意味」への問いに、どのようなスタンスでいることが望ましいでしょうか？

A　取材で、あるいは私の本を読んだことのある方から「生きる意味とは何か？」と聞かれることがたまにある。

私は、生きることに意味を見出すのはあまり意味の無いことだと考えている。見出された意味といったものは、たいがい世間の常識や価値観がどこかで絡んでいて、その人ならではのオリジナルが感じられないことのほうが多いというのも理由のひとつだ。

ただ、あえて答えるなら、私がこの世に生きているのは、「私にしかできないことがあるから」となる。

私の代わりはどこにもいない。ただ、それは私が特別な人物と言いたいわけでなく、この本をお読みのあなたの代わりだって、誰にもできない。人間は誰しも、その人にしかできないことがあるから、生きているのである。

生きる意味にしろ、人生とは何か、自分とは何かといった問いにしろ、その答えを自分で考えたのならいいが、世間で信じ込まれている価値観やどこかの偉い人が言ったことをそのまま受け止めて、自分の中に刷り込んでしまう人がけっこういる。

そして人は、そんな自分の考えではないものにとらわれ、まるでいくつもの紐にがんじがらめとなっているかのように身動きが取れなくなり、もがき苦しんでいる。

他から与えられた価値観が自分の生き方を邪魔しているのであれば、そんなものはさっさと取っ払ってしまえばいいのに、ほとんどの人は自覚も無くそういった価値観を大事そうに抱えたままである。

だが、そのことに気づいて障害になっているものを外せば、「私にしかできないこと」は姿を現すはずである。

本来は自分で感じたもの、見つけたものだけを取り入れていけばいい。何かを受け入れるにしても、多くの人が信じている考え方や、自分より上の立場の偉い人からではなく、ダメな人や困っている人、あるいは社会的に弱い立場にある人からいろいろと学び、それを自分の中に取り入れていけばいいと思う。

本当の強さがわかるには何を体験すればいいか?

Q　人間の〝強さ〟とは何でしょうか?

自分を貫いて生きていくことでしょうか?

自分以外の誰かを守ることでしょうか？
誰よりも抜きん出ることでしょうか？
ひ弱に見えても、生き抜く力を持っていることでしょうか？
強さというのは、人によって定義が違います。
強さはどう定義すればいいでしょう？
本当の強さとは何なのでしょうか？

Ａ　人間の強さの定義はいろいろある。肉体的な強さもあるし、「頭の回転が速い」という強さもあるだろうし、「あの人はタフだ」というような精神的な強さもある。

そんな中から〝本当の強さ〟を「これ」とひとつに絞るのはなかなか難しいことだ。「強くなるにはどうすればいいか？」といった質問はふだんも取材にみえる人からもよく投げられるのだが、そもそも「強さ」とは生き物にとってそれほど重要なことなのかという疑問を持ったほうがいいかもしれない。

進化論のことを弱いものが淘汰《とうた》され強いものが生き残るというイメージでとらえている

人はけっこういるが、本当は環境や生活の条件などの変化に適応できたものが生き残る適者生存の考え方が進化論の核なのだそうだ。つまり、見かけは弱々しくても何万年、何十万年と生き続けてきた生物は生き残るための優れた能力を持っているということだ。戦って強いとか弱いとかという次元は生物の進化とはあまり関係がないのである。

そう考えれば、あえて強さとは何かと問われたら、それは変化に適応していける柔軟な力と言っていいかもしれない。

「人の強さ」といったものを考えるとき、「強さ」にまつわるよくあるさまざまなイメージはいったん横に置いたほうがいい。私の中では「本当の強さ」というものをこうとらえている。それは、「自分より弱い人を助けるため（救うため）にある」ものだということだ。

そのためには、いつも目線が〝弱い人〟たちと同じでなければ、弱い人たちを助けることはできない。弱い人に常に目を向けていれば、街中を歩いていても困っている人をすぐに見つけられるし、素早く手助けもできる。

ふだんの生活で〝強さ〟ばかりを追っている人は、そんな社会の中にいる〝弱い人〟を見つけることはあまりできないだろう。

親が子どもを育てるとき、親は子どもから目を離さない。それは、「子どもは弱者である」と大人が認識しているからだが、そんな子どもも成長していく段階でだんだんと強くなっていく。

すると大人のほうも「もう、この子は弱者ではないな」と認識し、子どもに付きっ切りということはなくなっていく。自分の子どもが〝弱い〟うちはそれなりに他にも弱い立場にいる人たちに目が向いたりするものだが、子どもが成長するとそんな感覚も薄くなっていったりする。

私は、日常生活の中でたびたび、自分を〝弱者〟に置き換えて考えてみるようにしている。

たとえば、「今、私は無職である。明日になればモノを食う金も無くなる。仕事を探さなければ」とそんな気持ちで新聞の求人欄を見る。

新聞の求人欄にはそれこそいろんな職種の仕事が載っている。ひとつずつ内容を確認しながら「日給は?」「寮も付いてるのか」「夜間の仕事か」と、自分がその仕事に就いたときの状況も想像してみる。

そうすると、現実の今の自分の置かれている状況、環境に感謝心が湧いてくる。

求人欄に載っている仕事はどれも、私にはとても務まりそうにないものばかりである。いろんな職種を見て、「この仕事は重労働だ」「俺はパソコンなんて使えないしな」などと感じつつ、「そんな自分でもまだ仕事がある」と感謝の気持ちが湧き上がってくるのだ。

「牌の音」という麻雀道場を経営し、雀鬼会の若者に囲まれ、求人広告を出さなくてもときたま本の仕事ももらえるのだから、本当にありがたい。

きっと、世の中のほとんどの人が、必要性のない限り新聞の求人欄や求人広告などには目もくれないと思う。

でもそうやって世の中の仕事を見るだけで、今、自分の置かれている環境に感謝心が湧いてきたりするのだから、ぜひみなさんにも求人欄をそんな目で一度見ていただきたい。

そうやって広い視野で世界をとらえ、ものごとを考えたり、感じたりすることはとても大事だ。弱い立場にいる人への目配りもできるようになってくれば、「何か手伝えることはないかな」「あ、手助けしないと」とその場、その場にふさわしい、臨機応変な対応が取れるようになる。

他者を助けるには、ある程度の余力がなければできないことだ。自分のことでいっぱいになっていたら、とてもではないが他の人を助けることなどできやしない。

私にとっては少なくとも自分のために力を使うのは、本当の〝強さ〟ではない。本当の〝強さ〟とは、自分以外の誰かのために使うことで初めて発揮される力だと思う。

まずは弱者の目線に立つ。世間で言われている〝強さ〟が実際はどれほどの価値を持っているのか、それを知りたければまずはそこからスタートしてみてはいかがだろう。

すべてが裏目に出る大スランプのときはどうすればいいか？

Q　やることなすこと、すべてがうまくいかない人がいます。

何をしてもすべて裏目に出ます。

まるで運命に操られたかのような大スランプです。

ことごとく裏目に出るということは、その人が自分がよかれと思うこととすべて反対の選択をあえてしていけばいいのでしょうか？

Ａ　今、世の中にはうつ病で苦しんでいらっしゃる方がたくさんいる。私が開いている雀鬼会の道場生にも、そういった症状の子が今まで何人もいた。

しかし、かつて私が子どもだったころに〝うつ病〟という病名を聞いたことはなかったし、私の周りにもそのような人はあまりいなかった。

「何をやってもうまくいかない」という、人生のスランプのような時期は誰にでもあることで、うまくいかなければ当然のことながら人は暗くもなれば、落ち込みもするだろう。

人生のスランプが一週間かそこらであればいいが、これが一カ月、二カ月となり、落ち込む期間が長くなればなるほど、人の精神は蝕《むしば》まれていく。

落ち込んでいるのが一日、二日ならそれは〝うつ病〟とは言わないが、そんな状態が二、三カ月も続けば〝うつ病〟となる。

昔の人たちは今よりも精神的にタフな人が多かったから、ちょっと落ち込むようなことがあっても数日経てば気持ちを切り替えて、新たな一歩を踏み出していた。

きっと今の人の多くはそんな〝切り替え〟がうまくできず、いやな気持ち、落ち込むような思いをいつまでも持ち続けてしまうからうつ病になってしまうのだ。

この世の中に変わらないものなど、何ひとつない。「世の中すべてのことには変化があって当たり前。そして変化はいいほうにばかりでなく、悪いほうにも当然変わる」。そう思って生きていけば、スランプに陥っても気持ちの切り替えが少しずつできるようになるはずだ。

質問にある「ことごとく裏目に出るということは、その人が自分がよかれと思うこととすべて反対の選択をあえてしていけばいい」といった行動は、かなり作為的ゆえに無理なものになるだろう。そのような不自然さは一層の混乱を招き、スランプの状態を深める結果になりかねない。

スランプは苦しいから一刻も早く脱け出したいと焦るものだが、そこはむしろ冷静になって自然に起きてくる変化や流れをもう少しじっくり眺めようという気持ちを持つべきである。

よくない状態であっても、ずっとそれが続くわけではない。いいほうへ必ず変化すると思えば、今をある程度余裕をもってしのげる。麻雀でもツキのない流れはいつまでも続かない。たとえよくない流れが続いてもあきらめずそれに耐えていれば、ものの三〇分で潮目は変わるものである。

強い意志、真っ直ぐな信念、そういったものが〝大切なもの〟と教わりながら今の人たちは生きてきたに違いない。強い意志も真っ直ぐな信念も変わらないもの。それを変わらず持ち続ければ願いはかなう、努力が報われる。そう教えられてきた人が多いはずである。

でも、自然が日々変化を続けているように、人の気持ちも、意志も、信念も変わっていく。それなのに「人の気持ちは変わらない」と思っているから「あの人は変わってしまった。裏切られた」と落ち込むことになるのだ。

太陽も月も、自然は毎日変化を繰り返している。そのように私たち人間も日々の変化を自然なこととしてとらえていけばいいのである。

うれしいことがあれば幸せな気持ちになるだろうが、うれしいことなど毎日のようにあるわけではない。楽しいことやうれしいことがあれば、たいがいの人はそこを基準に人生の幸不幸をはかったりする。

だから、少し辛いことがあったりすると必要以上に動揺したりする。だが、反対にトラブル続きのときや絶不調なときを基準にすれば、ちょっとやそっとのことでは簡単に落ち込んだりしなくなるだろう。

このように重心を低くした上で、いいこともあれば悪いこともあるさ、という軽やかな心持ちを忘れない。そんな姿勢を常に心がけていれば、スランプに陥ってもそれを必要以上に長引かせるようなことにはならないはずである。

許せる「裏切り」と許せない「裏切り」

Q　世の中にはいろんな〝裏切り〟があります。

友だちに約束を破られるのもひとつの裏切りでしょうし、今何かと話題になる不倫も裏切りのひとつでしょう。

ただ、裏切りには「許せる裏切り」と「許せない裏切り」がある、と言う人もいます。

その境界線はどこにあると桜井さんは思いますか？

A　許せる裏切りと許せない裏切り。それは確かに存在する。

簡単に言えば、そこに「筋が通っているか、いないか」。言っていること、やっていることが滅茶苦茶で、まったく筋の通っていない裏切りはやはり「許せない裏切り」になるのだと思う。

私がものごとの〝筋〟を考えるとき、その基準となるのは「人として」というよりも「男としてどうか」という点である。

男として生を享《う》け、男として生き、男として死んでいく。その人生の中で行う選択はいつも「それは男としてどうなのか」「男らしいことなのか」「男として筋が通っているか。筋から外れてはいないか」、そういったことが判断基準となってきた。

質問に「不倫も裏切りのひとつ」とあったが、私は不倫は裏切りだとはまったく思わない。

不倫をした人は、伴侶以外の人を好きになってしまったからそのような行動を取ったのだろう。私から見ればそれはしっかり筋が通っている。

そもそも「女心と秋の空」（昔は「男心と秋の空」と言った）という言葉にあるように、人の心は移ろいやすいものである。

四季折々、自然が姿形を変えていくように、私たち人間も日々、身体、精神の両面でどこかが変化している。

自然の眺めは一日として同じときはない。それと同じように、人の心も、体も、毎日変化し続けている。

それなのに「相手の気持ちが変わったから裏切りだ」とはおかしくないか？

付き合っている異性が他の人を好きになったら裏切りと言うのなら、あなたの気持ちは一生変わらないのか？　その解釈は都合がよすぎやしないか？

たとえば、あなたの付き合っている人（伴侶でもいい）が他の人を好きになってしまったとしよう。

それを裏切りと思うから、あなた自身も苦しくなる。「自分のものだったのに、他の人のものになってしまった」と思うから辛くなる。

付き合っている人が他の人を好きになり、それで楽しそうなら、喜んでいるならそれでいいではないか？　「ああ、あの人が楽しそうでよかった」、そのような考え方をすれば、それが自分を助けることにもつながるのである。

何事にも一生懸命、真面目に取り組む人は、信念が強い。だが、その信念も裏を返せば〝執着〟になる。

執着の強い人は、ものごとが変わることを嫌うから、ちょっとした変化が許せず、すぐに「裏切られた」「騙された」という気持ちになる。執着が強ければ強いほど、結局自分が苦しむことになるのに、執着心の強い人はそれがまったくわかっていない。

執着心を少しでも薄めたいと思ったら、先述したように「すべては変わりゆくもの」と常に思うことだ。

「これは裏切りではない。ただの変化だ」と思えば、すっと気持ちも楽になるのだ。

モノがあふれる社会で、最善の選択をしていくにはどうすればいいか？

Q　今の社会は選択肢も多く、自由度が高いように見えますが、実は見えないさまざまな縛り付けがあって不自由な感じもします。
　こういったモノがあふれる社会の中で、最善の選択をしていくにはどうしたらいいのでしょうか？

A　グローバル化する世界は、表向きは可能性をどんどん広げていってくれるように感じるが、現実の社会はネット世界が発信する膨大な情報の網や大量生産であふれるモノたちで人々をがんじがらめにし、身動きできない状態にさせている。少なくとも私の目にはそう感じられる。
　無数の情報やモノがあふれるように目の前にあるのになぜ身動きできないかと言えば、あまりにもそれらの数が多すぎてまともな判断ができなくなっているからだ。

　判断する力にブレーキがかかっている理由はもうひとつある。現代人は何が得で何が損かという経済の物差しばかり使って生き方の選択をしているので、ものごとの質をはかる感覚が鈍っているのだ。質が十分に理解できないから、自分らしい生き方をどうやってすればいいかわからないのである。

人生とは選択の連続である。右に行こうか、左に行こうか、あるいは上に行こうか、下に行こうか。さらにこのまま進むべきか、立ち止まるべきか、それともちょっと戻るべきか。そんな「選択」を毎日毎日繰り返すことによって人生は成り立っている。

私は「人生の選択」とは「人生の洗濯」だと思っている。本当は、「選択」をしたものを自分なりにきれいにその都度「洗濯」していけば、次に選ぶべき選択がおのずと鮮明にその姿を現してくれるものだ。

だが、いつの間にか世間の価値観や固定観念に汚された心は何をどう洗濯すればいいのかがわからず、多くの人は選択とセットで必要な洗濯が疎《おろそ》かになってしまっている。その結果、損得勘定に則って汚いものを積極的に選択し、さらにそれを後生大事に抱えていたりするから身の回りは汚いものだらけとなっている。

先にも触れた通り雀鬼会の麻雀は政治色と経済色をなるべく排し、できるだけきれいな水を上手から流していこうとするものである。

道場生たちが汚い選択を続けていれば、麻雀卓に流れる水は瞬く間に淀《よど》み、悪臭を放ち出す。まさに人生の選択も、麻雀における選択も、本質的にはまったく変わらない。損得勘定に則った選択や権力を使った選択など、世間に横行する汚い選択はできる限りしないようにすれば、人生の流れもきれいなものとなる。

そういった選択を続けていれば、選択に「余裕」というものが生まれ、「負けるが勝ち」ではないが「損するが勝ち」という選択があることにも気づけるだろう。

世間の人々は「得」ばかりを求めているから余裕が無くなり、間違った選択をし、結局「損」をすることになっている。だから時には「今日はこの〝損〟を選んでみようか」と自ら進んで損を選択することが大切なのだ。

たまには「損」なほうを選択してみたらどうだろうか？　そうすればきっと「損するが勝ち」の結果があることにも気づき、それまでの間違った選択に積もった汚れを洗濯できるかもしれない。

人生にはいくつかの岐路がある。その岐路でどんな選択をするかで、運命は大きく変わってくる。

「もし桜井さんが過去に戻って、ある岐路から再び人生を始められるとすればいつに戻りますか？」と聞かれたことがある。私は基本的には過去を振り返ることをしないが、もし過去のある時点に戻れるというなら雀鬼会を始めたころの四〇代前半に戻りたい。

そのころ、私は権力者たちに成り代わって麻雀を打つ「代打ち」を引退し、それまでとはまったく違うことをしたかった。

魑魅魍魎《ちみもうりょう》が蠢《うごめ》く裏社会から離れた私は、結果がすべてではない、「勝つことが正義」ではない戦い方があることを若い人たちに知ってほしいと切実に感じた。それが代打ちの真剣勝負の場で私が叩きのめしてきた敗者たちへの、せめてもの罪滅ぼしであり、私が負った責任のような気もした。

雀鬼会創成期は、それこそアウトローを絵に描いたような若者たちが私の元に集まってきた。彼らは私が教えたかった「政治色と経済色を排した麻雀」、そして卓上で展開する「きれいな戦い方」などにはまったく興味が無かった。若者たちが求めていたのは「強い麻雀」、それだけだった。

「雀鬼さんよー、強い麻雀教えてくれよ」と、雑誌で私のことを知った若者たちが次々と道場にやって来る。右も左も知らない、礼儀すらも知らない、そんな若造たちの鼻っ柱をまずは折ることから私の仕事は始まった。

「そんなやり方、ここじゃ通用しねーんだよ」

そうやって私は若者たちに雀鬼会の麻雀を教えていった。問題だらけの毎日だったがそれがとても新鮮で、刺激的で、楽しかった。私も若かったから、あれだけの若者を相手に、体を張った指導ができていたのだと思う。

朝から晩まで遊び続けていた子ども時代に戻ってみたい気もあるが、やはり一番戻りたいのは雀鬼会を立ち上げたばかりの、あのころである。

大人になると、お金を使ったり、あるいはお酒があったりしないと楽しめなくなるものである。でも、大人になっても、何もなくても、仲間がいれば十分に楽しめることを雀鬼会が教えてくれた。

もちろん今でも、雀鬼会の道場生たちが私に楽しい空間を提供してくれている。朝の四時まで相撲を取っている雀荘など、日本中を探してもここくらいのものだろうし、そうやって若者たちと体を使って遊んでいるじーさんも私くらいのものだろう。

おわりに

人は、人生という道のりを歩いている最中にいくつもの岐路に立つ。そして、そんな岐路に出合うたび、「どちらに行くべきか？」「進むべきか？　留《とど》まるべきか？　それともいったん戻るべきか？」と方法を思案する。

そう考えると、人生とは〝選択〟の連続である。

人生の道中に巡り合う〝選択〟には、すぐに答えの出る簡単な選択もあれば、悩みに悩んで結論に達する重い選択もあるだろう。

よかれと思って選んだ道が間違っていたり、後々災いとなったり、あるいはあまり気乗りのしなかった選択が逆に功を奏し、よい結果につながったり。人生とは一筋縄ではいかぬ、本当に不思議なものである。

この私も、七〇年以上に渡る長い人生の中で、いろんな選択をしてきた。

幼いころから私の選択の基準は変わっていない。

私の選択の基準、それは、「おもしろいか、つまらないか」。それだけ。だから、ちょっと厳しい道でもそっちのほうがおもしろそうならそっちを選んだ。「こっちが得だから」とか「こっちが楽だから」といった基準でものごとを選んだことは正直、ほとんどない。

そうやって幼いときから独自の基準でものごとを判断し、人生の選択を行ってきたおかげで、「この道じゃなかったかもな」と思うことはあっても、「あっちにすればよかった」「こっちにすればよかった」と自分の選択を後悔することなく、今までやって来ることができた。

人が自分の選択を後悔するのは、きっと「社会」というもの、あるいは「世間の常識」といったものに惑わされてしまっているからだと思う。そんな選択は所詮他人がつくった価値観に依ったものなのだ。だから、そういう選択を重ねることは自分自身の人生をちっとも生きていないことになってしまう。

本書の中で詳述したが、「負けるが勝ち」という言葉もあるように、人生の選択には

「損するが勝ち」ということが往々にしてある。

最初は「損」に感じるようなことをあえて選ぶことで、結果として「得」が舞い込んでくるということが、いくらでもあるのだ。

社会の流行や世間の常識に惑わされ、自分は勝ちばかり欲していないか？　あるいは得ばかりを求め、結局損をするようなことになっていないか？

本書では、さまざまな難問に答える形で私なりのいろいろな「選択肢」を表してみた。

本書を読みながら、「自分だったら？」と考えていただいてもけっこうだし、または自分の過去の選択と照らし合わせていただいたりしてもいいと思う。

〝選択〟の連続であるのが人生ならば、その行き先を決めるのは他ならぬあなた自身なのだ。それだけは、忘れないでほしい。

二〇一八年四月

桜井章一

桜井章一（さくらい　しょういち）

東京都生まれ。昭和三〇年代から、麻雀の裏プロの世界で勝負師としての才能を発揮。〝代打ち〟として二〇年間無敗の伝説を築き、〝雀鬼〟と呼ばれる。現役引退後は麻雀を通した人間形成を目的とする雀鬼会を主宰。著書に『努力しない生き方』（集英社新書）、『人を見抜く技術』（講談社＋α新書）、『運を支配する』（藤田晋との共著／幻冬舎新書）他多数。

集英社新書〇九三三C

究極《きゅうきょく》の選択《せんたく》

二〇一八年五月二二日　第一刷発行

著者……桜《さくら》井《い》章《しょう》一《いち》

発行者……茨木政彦

発行所……株式会社集英社

東京都千代田区一ツ橋二-五-一〇　郵便番号一〇一-八〇五〇

電話　〇三-三二三〇-六三九一（編集部）

〇三-三二三〇-六〇八〇（読者係）

〇三-三二三〇-六三九三（販売部）書店専用

装幀……原　研哉

印刷所……大日本印刷株式会社　凸版印刷株式会社

製本所……加藤製本株式会社

定価はカバーに表示してあります。

ISBN 978-4-08-721033-0 C0210

Printed in Japan

a pilot of wisdom

集英社新書　好評既刊

哲学・思想——C

偶然のチカラ　植島啓司
日本の行く道　橋本治
新個人主義のすすめ　林望
イカの哲学　中沢新一　波多野一郎
「世逃げ」のすすめ　ひろさちや
悩む力　姜尚中
夫婦の格式　橋田壽賀子
神と仏の風景「こころの道」　廣川勝美
無の道を生きる——禅の辻説法　有馬頼底
新左翼とロスジェネ　鈴木英生
虚人のすすめ　康芳夫
自由をつくる 自在に生きる　森博嗣
不幸な国の幸福論　加賀乙彦
創るセンス 工作の思考　森博嗣
天皇とアメリカ　吉見俊哉　テッサ・モーリス-スズキ
努力しない生き方　桜井章一
いい人ぶらずに生きてみよう　千玄室
不幸になる生き方　勝間和代
生きるチカラ　植島啓司
必《ひっ》生《せい》 闘う仏教　佐々井秀嶺
韓国人の作法　金栄勲
強く生きるために読む古典　岡敦
自分探しと楽しさについて　森博嗣
人生はうしろ向きに　南條竹則
日本の大転換　中沢新一
実存と構造　三田誠広
空《くう》の智慧、科学のこころ　茂木健一郎　ダライ・ラマ十四世
小さな「悟り」を積み重ねる　アルボムッレ・スマナサーラ
科学と宗教と死　加賀乙彦
犠牲のシステム 福島・沖縄　高橋哲哉
気の持ちようの幸福論　小島慶子
日本の聖地ベスト100　植島啓司
続・悩む力　姜尚中

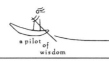

a pilot of wisdom

集英社新書　好評既刊

私が愛した映画たち
吉永小百合　取材・構成／立花珠樹　0922-F

出演作品一二〇本、日本映画の最前線を走り続ける大女優が、特に印象深い作品を自選し語り尽くした一冊。

TOEIC亡国論
猪浦道夫　0923-E

TOEICのせいで間違った英語教育を受けている日本人に向けて大胆かつ具体的な身になる学習法を解説。

スマホが学力を破壊する
川島隆太　0924-I

七万人の子供を数年間調査してわかったスマホ長時間使用のリスクと成績への影響。全保護者必読の一冊！

「東北のハワイ」は、なぜV字回復したのか　スパリゾートハワイアンズの奇跡
清水一利　0925-B

東日本大震災で被害を受け利用客が激減した同社がなぜ短期間で復活できたのか？　その秘密を解き明かす。

人工知能時代を〈善く生きる〉技術
堀内進之介　0926-C

技術は生活を便利にする一方で、疲れる世の中に変えていく。こんな時代をいかに〈善く生きる〉かを問う。

大統領を裁く国　アメリカ　トランプと米国民主主義の闘い
矢部　武　0927-A

ニクソン以来の大統領弾劾・辞任はあるか？　この一年の反トランプ運動から米国民主主義の健全さを描く。

国体論　菊と星条旗
白井　聡　0928-A

自発的な対米従属。その呪縛の謎を解く鍵は「国体」の歴史にあった。天皇制とアメリカの結合を描いた衝撃作。

村の酒屋を復活させる　田沢ワイン村の挑戦
玉村豊男　0929-B

「過疎の村」になりかけていた地域が、酒屋復活プロジェクトを通じて再生する舞台裏を描く。

体力の正体は筋肉
樋口　満　0930-I

体力とは何か、体力のために筋肉はなぜ重要なのか、体を鍛えるシニアに送る体力と筋肉に関する啓蒙の書。

広告が憲法を殺す日　国民投票とプロパガンダCM
本間　龍／南部義典　0931-A

憲法改正時の国民投票はCM流し放題に。その結果どんなことが起こるかを識者が徹底シミュレーション！

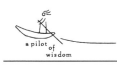